Hjalmar Grönroos

Zur Entwicklungsgeschichte des Erdsalamanders

(Salamandra maculosa Laur.)

Hjalmar Grönroos

Zur Entwicklungsgeschichte des Erdsalamanders
(*Salamandra maculosa Laur.)*

ISBN/EAN: 9783743661462

Hergestellt in Europa, USA, Kanada, Australien, Japan

Cover: Foto ©berggeist007 / pixelio.de

Weitere Bücher finden Sie auf **www.hansebooks.com**

… ZUR

ENTWICKELUNGSGESCHICHTE DES ERDSALAMANDERS

(SALAMANDRA MACULOSA LAUR.).

INAUGURAL-DISSERTATION

ZUR ERLANGUNG DER DOKTORWÜRDE

IN DER

MEDIZIN, CHIRURGIE UND GEBURTSHILFE

UNTER DEM PRÄSIDIUM VON

DR. A. FRORIEP,

O. Ö. PROF. DER ANATOMIE UND VORSTAND DER ANATOM. ANSTALT IN TÜBINGEN

DER MEDIZINISCHEN FAKULTÄT ZU TÜBINGEN

VORGELEGT VON

HJALMAR GRÖNROOS

AUS HELSINGFORS.

WIESBADEN.
VERLAG VON J. F. BERGMANN.
1895.

Die bedeutende Grösse des Eies des Erdsalamanders lässt, mit Rücksicht auf den von Kupffer (79) und Benecke (80) erbrachten Nachweis, dass dieses Ei trotz seiner Grösse einem totalen Furchungsprozess unterworfen ist, im voraus vermuten, dass die frühen Entwickelungsstadien dieser Amphibienspecies manches interessante bieten möchten. Um so auffallender erscheint es, dass denselben seitens der Embryologen bisher so geringe Aufmerksamkeit zu teil geworden ist. Die embryologische Litteratur hat nur wenige Angaben aufzuweisen, die sich auf diesen Gegenstand beziehen. Ausführlichere Mitteilungen über jene frühen Stadien liegen überhaupt nicht vor.

Die Salamandereier und besonders die frühen Stadien liefern freilich ein für die Bearbeitung unbequemes Material, viel unbequemer als die Eier der übrigen einheimischen Amphibien, und in diesem Umstande mag wohl zu einem Teil der Grund liegen, weshalb jene verhältnismässig so wenig beachtet worden sind; denn der grosse Dotterreichtum des Salamandereies erhöht die technischen Schwierigkeiten bei dieser Species ganz bedeutend. Zum anderen Teil aber, und vielleicht hauptsächlich dürfte der Grund der Vernachlässigung wohl darin zu sehen sein, dass sich der Beschaffung des Materiales viel grössere Schwierigkeiten entgegenstellen, als bei den anderen Amphibien. Bei diesen wird das Ei erst bei der Ablage oder unmittelbar vorher befruchtet, man kann somit die Entwickelung der Eier durch ihre verschiedenen Phasen ohne Schwierigkeit direkt verfolgen und braucht nur abzuwarten, um ein gewünschtes Stadium zu bekommen. Ganz anders beim Erdsalamander. Hier machen die Eier ihre Entwickelung, bis zu einer beträchtlichen Grösse der Larven, innerhalb des mütterlichen Organismus durch, so dass sich nicht im voraus sagen lässt, welches Stadium man etwa aus einem zu tötenden Weibchen gewinnen wird; ja es ist schwer oder unmöglich, mit Sicherheit zu entscheiden, ob ein gewisses Weibchen überhaupt trächtig ist oder nicht.

Es bleibt daher nichts übrig, als aufs geratewohl weibliche Tiere zu öffnen, in der Hoffnung, die gewünschten Entwickelungsstadien gerade anzutreffen. Und dabei zeigt sich denn, dass ein grosser Teil der Weibchen überhaupt nicht alljährlich trägt und dass, was noch verhängnisvoller, unter den trächtigen Tieren nur äusserst selten solche mit jüngsten Stadien angetroffen werden. So kommt es, dass, um letzteres Material zu gewinnen, nach vielen Hunderten zählende Mengen der schönen Tiere geopfert werden müssen, ein Unternehmen, zu dem der Naturfreund sich nicht gerne entschliesst.

Als ich vor einigen Jahren mit dem Studium der Furchung der Tritoneier hier beschäftigt war (vergl. Grönroos 90, S. 5), musste ich bedauern, von Salamandra maculosa keine in Furchungsstadien befindlichen Eier gefunden zu haben. Später (1891) wurden verschiedene solche von Herrn Prof. Froriep hier angetroffen, und in den beiden folgenden Jahren habe ich auch selbst das Glück gehabt, solche zu gewinnen. Aus der Ernte dieser drei Jahre — die des erstgenannten Jahres wurde mir in liebenswürdigster Weise zur Verfügung gestellt — habe ich nicht nur von den Furchungs-, sondern auch von den darauffolgenden früheren Entwickelungsstadien eine, wenn auch keineswegs lückenfreie, so doch einigermassen genügend vollständige Reihe zusammenstellen können.

Es möge mir gestattet sein, an dieser Stelle meinen hochverehrten Lehrern, den Herren Proff. W. Henke und A. Froriep, meinen wärmsten Dank auszusprechen für die Liebenswürdigkeit, mit welcher mir im hiesigen anatomischen Institut Platz und alle nötigen Hilfsmittel zur Verfügung gestellt wurden. Besonders bin ich noch Herrn Prof. Froriep zum grössten Dank verpflichtet für das Interesse, welches er meiner Arbeit stets entgegengebracht und für die mannigfache Weise, in welcher er dieselbe gefördert hat.

I. Fortpflanzung etc.

Bezüglich der Jahreszeit, zu der man die jüngsten Entwickelungsstadien von Salam. mac. zu suchen hat, möchte ich zunächst einiges bemerken. Es steht diese Frage natürlich in dem engsten Zusammenhang mit der Frage, wie und wann überhaupt die Fortpflanzung des Salamanders geschieht. Und hierüber differieren die bisherigen Angaben nicht unbeträchtlich.

Rusconi (54) zieht aus mehreren Umständen den Schluss, dass in Norditalien (Gegend von Como) die Begattungszeit des Salamanders in den Monat Juli fällt. Leydig (67) sagt hierüber: „Die Zeit der Begattung, welche wohl auf dem Lande geschieht, scheint vom April an sich durch den ganzen Frühling und Sommer zu erstrecken; wenigstens ist bekannt, dass man frühere und spätere Entwickelungsstufen des Embryo innerhalb des Uterus in jedem Monat finden kann." Pfitzner (80) vertritt ebenfalls die Ansicht, „dass der Akt der Begattung durchaus nicht an einen bestimmten Zeitpunkt gebunden ist, weil man, laut Angabe Gegenbaurs zu den verschiedensten Zeiten Eier in den verschiedensten Stadien der Entwickelung findet." Benecke (80), dessen Material aus verschiedenen Gegenden Deutschlands und aus Tirol zusammengebracht war, konstatiert, dass ganz besonders im Mai und Juni die Samenleiter der Männchen von dickem rahmigen Sperma strotzten, und im übrigen, dass von Mitte Mai bis Mitte Juni die Larven abgesetzt wurden, während vom 17. Juni an bei einem Teil der Weibchen von neuem befruchtete Eier sich im Eileiter fanden, und zwar sowohl bei solchen Weibchen, die in Gefangenschaft geboren hatten, wie bei frisch bezogenen.

Zeller (90) endlich fand am 27. April bei Tieren, welche einige Tage vorher gefangen waren, im Wasserbecken, ausser einer Anzahl Larven, einige Spermatophoren mit lebendigen Spermatozoen. Ausserdem waren die Receptacula der Weibchen mit Sperma gefüllt. Durch diese Beobachtung meint Zeller, dass „wohl zweifellos bewiesen ist, dass die Befruchtung um dieselbe Zeit stattfindet, in welcher die Larven geboren werden — bei uns also im ersten Frühjahr — und ebenso die Annahme begründet, dass sie in der gleichen Weise vor sich gehe, wie bei den Tritonen — also durch Absetzen der Spermatophoren nach aussen von Seite der Männchen und durch aktive Aufnahme der Samenmasse von Seite der Weibchen." Früher hatte man wohl ziemlich allgemein angenommen, dass eine wirkliche Kopulation stattfände.

Mit den Angaben von Benecke stimmen meine Beobachtungen, die sich auf die Gegend von Tübingen beziehen, wohl am besten überein. Dieselben umfassen, wie bereits erwähnt, zunächst drei Jahre (1891—1893). Dazu kommt noch das Jahr 1889, dessen Ergebnis in Bezug auf Furchungsstadien allerdings überhaupt ein negatives war. In den genannten drei Jahren nun wurden Eier im Eileiter des Weibchens am frühesten zu folgenden Zeiten gefunden:

      1891 am 25. Juni
      1892 ,, 15. ,,
      1893 ,, 20. ,,

und zwar waren dies früheste, meist Furchungsstadien, sowie noch ungefurchte Eier. Am spätesten wurden diese allerfrühesten Stadien (ungefurchte bezw. Furchungsstadien) angetroffen:

1891 am 6. Juli
1892 „ 5. „
1893 „ 6. „

Diese Daten zeigen eine geradezu überraschende Regelmässigkeit und stimmen auch sehr gut mit den oben erwähnten Angaben von Benecke überein. Es wäre demnach anzunehmen, dass in hiesiger Gegend die Befruchtung des Salamanders in der Zeit von Mitte Juni bis Anfang Juli stattfindet.

Indessen muss gleich zugegeben werden, dass diese Daten doch nur einen relativen Wert besitzen und deshalb zur Aufstellung allgemein gültiger Regeln nur mit grosser Vorsicht zu verwerten sind. Einmal mag sich das Tier in verschiedenen Gegenden und Klimaten wohl verschieden verhalten. Von diesem Gesichtspunkte aus wäre wohl zu erwarten, dass in der Gegend, wo Rusconi (s. oben) seine Beobachtungen anstellte, die Fortpflanzungszeit des Salamanders eher früher als später eintreten sollte, denn in der Gegend von Tübingen. Mit dieser Vermutung liesse sich auch die thatsächliche Angabe Rusconis in Einklang bringen, dass er am 28. Juni bei einem Weibchen Embryonen fand, die in der Entwickelung schon bedeutend vorgerückt waren (vgl. seine Taf. I, Fig. 7).

Zweitens sind wohl die Witterungsverhältnisse nicht ohne Einfluss. Bei kühlem Wetter oder Mangel an Regen können längere Pausen eintreten, während welcher sich keine Gelegenheit zu Beobachtungen über unsere Frage bietet, weil die Tiere überhaupt verkrochen bleiben. Andererseits machen sich wahrscheinlich dieselben Umstände auch bezüglich der Begattungszeit selbst geltend. Denn solange die Tiere in ihren Verstecken verbleiben, findet wohl, wenigstens in der Regel, auch keine Begattung statt, wodurch die mangelnde Gelegenheit zur Beobachtung darüber wieder kompensiert werden kann. Da aber ein gewisser Einfluss der Witterungsverhältnisse auf die Eireifung wahrscheinlich sein dürfte, ist es sehr wohl möglich, ja wahrscheinlich, dass, wenn sich erstere ungewöhnlich günstig oder ungünstig gestalten, die oben angegebenen Grenzen der Befruchtungszeit sich mehr oder weniger anders ergeben werden.

Endlich darf nicht übersehen werden, dass das, was angetroffen ist, nicht immer sichere Anhaltspunkte bietet zur Beurteilung dessen, was in Wirklichkeit vorkommt, bezw. vorkommen kann. In dieser Beziehung mag beispielsweise auf den schon erwähnten Umstand hingewiesen werden, dass ich 1889, ungeachtet fleissigen Suchens, keine Furchungsstadien antreffen konnte. Es bleibt von diesem Gesichtspunkte immer denkbar, dass, wenn man noch eine Anzahl Weibchen untersucht hätte, auch zu anderen Zeiten die frühen und frühesten Stadien hätten gefunden werden können. In der That habe ich nicht nur vor und während der genannten Zeit, sondern oft auch noch nach derselben, im Ovarium des Weibchens Eier gefunden, welche die Grösse der reifen Eier vollständig erreicht hatten, so dass an die Möglichkeit einer noch in demselben Jahre bevorstehenden Befruchtung gedacht werden konnte.

Indessen — wenn auch für möglich — für sehr wahrscheinlich kann ich die Richtigkeit dieser Auffassung nicht halten, denn es wäre mir dann doch zu merkwürdig, dass ich während mehrerer Jahre nicht, wenigstens durch Zufall, auch einmal ausserhalb der genannten Zeit die frühesten Entwickelungsstadien zu sehen bekommen hätte. Einerseits fand ich vor Mitte Juni überhaupt nie Eier im Eileiter des Weibchens, andererseits zeigte sich, natürlich mit individuellen Schwankungen, der durchschnittlich erreichte Entwickelungsgrad der Embryonen um so weiter vorgerückt, je später im Juli die Weibchen untersucht wurden. Diejenigen Weibchen, welche nach der betreffenden Zeit noch solch' grosse, fast reife Eierstockseier führen, scheinen mir deshalb eher solche zu sein, die aus Mangel an Gelegenheit oder aus irgend einem anderen Grunde für das laufende Jahr die Befruchtung verpasst haben.

Benecke (80) beobachtete von Mitte Mai bis Mitte Juni das Absetzen von Larven. Pfitzner (80), welcher der Ansicht ist, dass der Geburtsakt ebenso wenig wie die Begattung an einen bestimmten Zeitpunkt gebunden ist, meint doch, dass die meisten Larven Ende März bis Anfang April geboren werden. Knauer (75) giebt in einer Tabelle an, dass die Larven „in der schönen Jahreszeit (Ende Mai bis Oktober)" abgesetzt werden. Später teilt derselbe Verfasser genauere Daten mit (78), nach denen (im J. 1878) eine Anzahl Salamanderweibchen in der Gefangenschaft ihre Jungen in der Zeit vom 11. April bis 5. Mai abgesetzt hatten (wenn sie gestört wurden, auch noch später).

Selbst habe ich innerhalb des oben angegebenen Zeitraumes, also nach Mitte Juni, im Eileiter des Weibchens nur zweimal geburtsreife oder doch fast geburtsreife Larven gefunden. Das eine Mal, am 23. Juli (1893), fanden sich, ausser einer Menge etwa 1 cm langer, noch ganz unpigmentierter Embryonen mit grosser ansitzender Dotterkugel und die noch in einer ziemlich dicken Gallertkapsel steckten, also entschieden einer in demselben Jahre stattgehabten Befruchtung entstammten, in dem einen Eileiter noch zwei reife Larven, wahrscheinlich vom vorigen Jahre her. Nach meiner Erfahrung würde es also die Regel sein, dass die Larven vor der erwähnten Zeitperiode abgesetzt werden, was mit den oben citierten Angaben der meisten Autoren übereinstimmt.

In Übereinstimmung mit den bezüglich anderer lebendig gebärender Tiere bekannten Thatsachen wäre es wohl, dass nachdem die Jungen abgeworfen sind, in der nächstfolgenden Zeit (also Spätfrühling oder Anfang des Sommers) die neue Begattung[1]) erfolgen würde.

---

[1]) Unter „Begattung" verstehe ich hier und im weiteren Verlauf der Besprechung dasselbe, was Zeller (s. oben S. 158) als Befruchtung bezeichnete, d. h. die Aufnahme von Sperma von seiten des Weibchens, gleichgültig ob

Wenn ich mich, trotz der positiven Beobachtung Zellers (s. oben), der Anschauung dieses Forschers über die Fortpflanzungsvorgänge des Salamanders nicht ohne weiteres anschliessen kann, so möchte ich dies begründen:

1. Am 5. Juli (1892) wurde früh am Morgen eine grössere Anzahl Salamander für mich eingefangen. In einem Weibchen unter diesen, welches am Vormittage des genannten Tages untersucht wurde, fand ich in den Eileitern Eier, von denen einige je eine kurze erste, die übrigen noch keine Furchen aufwiesen. In den letzteren fand ich später den in Teilung begriffenen ersten Furchungskern. Man wird wohl kaum einen Irrtum begehen, wenn man annimmt, dass diese Eier erst in der vorausgegangenen Nacht, bezw. früh am Morgen, befruchtet worden waren. Die meisten Tiere waren in einem Walde gefangen, wo ausser einem eben fallenden Regen kein Wasser vorhanden war; jedoch wurden einige in einem Teil des Waldes gefangen, wo sich ein paar kleine Tümpel befinden. Da ich nicht genau weiss, wo gerade das betreffende Weibchen angetroffen wurde, kann ich also für diesen Fall die Möglichkeit nicht ausschliessen, dass dasselbe erst um diese Zeit seine Jungen abgesetzt hätte. Jedoch wäre dieser Zeitpunkt nicht nur nach meiner Erfahrung, sondern (vgl. oben) auch nach den Angaben der meisten Autoren (auch nach Zeller) für den Gebärakt auffallend spät gewesen. Dagegen verdient folgender Fall besondere Erwähnung. Am 20. Juni (1893) fiel gegen Abend Regen. Ich begab mich in einen auf einer Anhöhe gelegenen Wald, in welchem sich überhaupt keine Wasseransammlung befindet, und fing hier einige Salamanderweibchen. Unter diesen, die ich erst am folgenden Morgen untersuchen konnte, fand sich nur ein trächtiges Tier, und zwar zeigten seine Eier ausschliesslich die beiden

---

diese Aufnahme eine aktive oder eine passive sein mag. Der Ausdruck „Begattung" soll nur den Zweck erfüllen, die Auseinanderhaltung des erwähnten Aktes und der eigentlichen Befruchtung der Eier zu ermöglichen.

ersten Furchungsstadien. In diesem Falle also möchte ich es nicht nur für sicher halten, dass die Befruchtung der Eier zu einem anderen Zeitpunkt (ich vermute etwa am vorhergehenden Abend) erfolgt war als zu dem des Absetzens der Larven, sondern, wenn die Begattung des Weibchens etwa erst am selben Abend stattgefunden hatte, so konnte sie überhaupt nicht im Wasser geschehen sein (höchstens durch Vermittlung des Regens).

2. Wenn die Begattung (vgl. Anm. oben S. 161) so früh stattfände, wie es Zeller meint, so müsste man wohl doch bedeutend früher als Mitte Juni neu befruchtete Eier, bezw. frühe Entwickelungsstadien finden. Thatsächliche Angaben über derartige Beobachtungen habe ich nirgends gefunden. Oder wenn, was sich ja denken lässt, das bei jenem Akte vom Weibchen aufgenommene Sperma erst später zur eigentlichen Befruchtung der Eier verwendet wird, so würde man, wie es Leydig und Pfitzner angeben (s. S. 157), jene Stadien wohl zu recht verschiedenen Zeiten antreffen. Aber weder Leydig noch Pfitzner stützt seine Angaben hierüber auf bestimmte angeführte Daten oder Thatsachen, noch überhaupt auf direkte eigene Beobachtungen. Dem gegenüber muss ich gegen diese beiden Alternativen meine oben angegebenen so auffallend konstanten Daten geltend machen.

Nun liesse sich aber gewiss denken, dass die Eier nur oder vorzugsweise um diese Zeit reif werden, und dass das bei einer vielleicht früher stattgefundenen Begattung vom Weibchen aufgenommene Sperma nur zu dieser Zeit seine befruchtende Fähigkeit zur Geltung bringen kann. In diesem Sinne, d. h. dass zwar die Begattung früher vor sich geht, die Befruchtung der Eier aber erst später, jedoch in einer bestimmten Zeit, erfolgt, lassen sich meine Beobachtungen mit denjenigen von Zeller in Einklang bringen.

Jedoch lassen sich auch gegen diese Auffassung einige,

allerdings vielleicht nicht sehr schwerwiegende Argumente anführen. An den Morgen, an denen meine Tiere eingesammelt wurden, konnte man sie oft in grossen Mengen (manchmal zu hunderten) im Walde, fern vom Wasser, herumkriechen sehen. Dies weist allerdings zunächst nur auf eine rege Thätigkeit der Tiere hin, welche in erster Linie wohl auf rein vegetative (Nahrungs-) Interessen zurückzuführen sein mag. Aber wenn die Tiere in einer gewissen Nacht vielfache Gelegenheit zu gegenseitiger Berührung haben, und man dann am folgenden Morgen bei einigen Weibchen Ovidukteier in den allerersten Entwickelungs- bezw. Befruchtungsstadien antrifft, so liegt es doch ausserordentlich nahe, diese beiden Umstände zu einander in Beziehung zu bringen.

Ferner erscheint es mir etwas eigentümlich, dass das Weibchen den Trieb haben sollte, die Spermatophoren des Männchens zu einer Zeit aufzunehmen, welche der Reifung der Eier mehr oder weniger weit vorausginge, und in welcher das Sperma für die Weibchen wenigstens momentan kein besonderes Interesse hätte. Wenn hierin auch „eine weise Einrichtung der Natur" erblickt werden könnte, so möchte man doch a priori erwarten, dass sich diese Einrichtung anknüpfen sollte an irgend welche physiologische Vorgänge im Organismus des Weibchens, welche jenen Trieb auslösen könnten. Dass der Geburtsakt ein solcher Vorgang wäre, erscheint mir an sich sehr zweifelhaft.

Endlich kommt für mich in Betracht, dass meines Wissens keine Mitteilung darüber existiert, dass zur Zeit des Absetzens der Larven auch die Salamandermännchen die oft recht weite Wanderung (bezw. das Herabsteigen) zu dem nächstgelegenen Wasser mitmachen. In dieser Hinsicht, wie auch sonst, kann ich die an in Gefangenschaft gehaltenen Tieren angestellten Beobachtungen nicht ganz für massgebend halten, weil diese Tiere sich in abnormen Verhältnissen befinden. Sie sind auf einen kleinen Raum beschränkt, wo ihnen gewöhnlich ausser trockener Erde nur ein kleines Wasserbecken zur Verfügung steh., während den freien Tieren im Walde möglicherweise auch der von einem eben fallenden Regen durchtränkte moosige Waldboden zu Fortpflanzungszwecken dienen könnte, auch wenn keine direkte Kopulation stattfindet.

Während also die Umstände, unter welchen die Spermaaufnahme des Salamanderweibchens erfolgt, in vielen Punkten einer genaueren Aufklärung noch sehr bedürfen, muss ich einerseits die Möglichkeit zugeben, dass dieselbe um die Zeit und in der Weise vor sich geht, wie es Zeller will (s. S. 158). Andererseits halte ich es durch die obenstehenden Ausführungen und besonders durch die S. 158/159 mitgeteilten Daten für berechtigt anzunehmen, dass, wenn keine aussergewöhnlichen Verhältnisse eintreten, die Befruchtung der Salamandereier in hiesiger Gegend ungefähr um die erwähnte Zeit (Mitte Juni bis Anfang Juli) erfolgt.

II. Litteratur zur Furchung des Salamandereies.

Über die Furchung des Salamandereies sind in der Litteratur aus älterer Zeit[1]) von Rusconi (54), aus neuerer von Kupffer (79) und Benecke (80) Beobachtungen mitgeteilt. Rusconi giebt einige Abbildungen von den ersten Furchungsstadien (54, Taf. V), welche geeignet sind, die Vorstellung zu erwecken, als ob die Eier meroblastisch wären, was in der That Leydig (67) auf Grund jener Abbildungen glaubte. Im Texte giebt Rusconi keine genauere Auskunft über die Furchung, sondern verweist (54, S. 32) nur auf seine frühere Beschreibung der Furchung des Frosches.

---

1) Das noch ältere Werk von M. Funk: „De salamandrae terrestris vita, evolutione, formatione tractatus", Berolini 1827, habe ich zu sehen keine Gelegenheit gehabt. Rusconi bemerkt aber, dass in diesem Werk der entwickelungsgeschichtliche Teil kaum angedeutet ist.

Kupffer (79) teilt über die Furchung des Salamandereies folgendes mit: „Das grosse, kugelige, nach Entfernung der Dotterhaut 5 mm im Durchmesser haltende Ei ist von gelblicher Farbe und zeigt an einer Stelle eine weisse Scheibe von 2,5—3 mm Durchmesser. Das Centrum dieser Scheibe mag der Keimpol heissen, das entgegengesetzte Ende der den Keimpol schneidenden Achse der Gegenpol. Innerhalb der Scheibe beginnt die Furchung, die eine totale inäquale ist. Die beiden ersten Furchen schneiden sich rechtwinkelig, schreiten aber über den Bereich der weissen Scheibe hinaus sehr langsam fort. In den Winkeln der Kreuzung treten kleinere Segmente auf, ehe die beiden ersten Furchen den Äquator des Eies überschritten haben. Die Scheibe gewährt in diesem Stadium das Bild der Furchung des Reptilien- und Vogeleies. Es können sich bei fortschreitender Segmentierung bereits 20 und mehr Segmente um den Keimpol finden, ehe noch eine Furche die entgegengesetzte Eihälfte durchschnitten hat. Indessen der Prozess umfasst schliesslich das ganze Ei, und die Differenzen zwischen beiden Eihälften gleichen sich aus, es bildet sich eine gleichmässige Morula, wobei der Farbenunterschied zwischen Keimpol und Gegenpol verwischt wird, und sämtliche Segmente annähernd dieselbe Grösse erlangen." Ferner hebt Kupffer bei Besprechung der Gastrula hervor, dass eine Furchungshöhle oder „Baersche Höhle" nicht vorhanden ist. Ob diese Bemerkung für das Salamanderei allgemeine Giltigkeit haben, oder sich nur auf das betreffende Stadium beziehen soll, in welchem Kupffer die Gastrulation beobachtete, ist nicht ausdrücklich gesagt.

Benecke (80) spricht sich über die Furchung folgendermassen aus:

„Die erste Furche ist anfangs nur sehr kurz, ebenso die zweite; sie bilden ein kleines Kreuz auf dem aktiven Pole. Eine Äquatorialfurche bildet sich nicht, und erst nachdem die weisse Kalotte des aktiven Poles nach Art eines meroblastischen Eies in ca. 30 Segmente zerfallen ist, hat sich die erste Furche bis zum Gegenpol verlängert, wo sie etwas später von der zweiten Furche geschnitten wird. Im weiteren Verlauf der Furchung bleiben die Segmente des Gegenpoles lange Zeit viel grösser als die des aktiven Poles."

Wie aus den eben citierten Notizen hervorgeht, sind die Hauptzüge der Furchungsvorgänge am Salamanderei bereits bekannt. Indessen geht aus denselben ebenfalls hervor, dass die bisherigen Beobachtungen beinahe ausschliesslich die äusseren Furchungserscheinungen betroffen haben. Auch erscheint mir die totale Furchung einer so gewaltigen Dottermasse, wie sie das Salamanderei einschliesst — das Salamanderei ist jedenfalls eines der grössten, meines Wissens sogar das grösste Wirbeltierei, welches als total sich furchend beschrieben worden ist — schon an sich auffallend und sicherlich interessant genug, um eine eingehendere Beschreibung zu rechtfertigen, besonders da den Notizen von Kupffer und Benecke, den einzigen aus neuerer Zeit, keine Abbildungen beigegeben sind. Ausserdem ist auch für die Erörterung der späteren Entwickelungsvorgänge (Gastrulation etc.) eine eingehendere Besprechung einiger Momente aus dem Furchungsprozess eine notwendige Voraussetzung.

III. Technik etc.

Was die Vorbehandlung der zu Schnittserien gebrauchten Eier betrifft, mag nur folgendes erwähnt werden. Als Fixierungsflüssigkeit habe ich teils konzentrierte wässerige Sublimatlösung, teils und vorzugsweise, bei Stadien mit grösseren Hohlraumbildungen ausschliesslich, das von mir früher (Grönroos 90) erwähnte Gemisch von konz. Sublimatlösung (100), 0,5% Chromsäure (100) und Eisessig (2) gebraucht. Die Eier wurden mitsamt den umgebenden Gallertkapseln in die Fixierungsflüssigkeit eingelegt. In dem Gemisch verblieben sie etwa 24 Stunden. Dann kamen sie auf einige Stunden in fliessendes Wasser. Bei diesem Wechsel, oder schon vorher in der Fixierungsflüssigkeit, lassen sich die Gallertkapseln mit grösster Leichtigkeit entfernen. Die nachfolgende Alkoholbehandlung wurde längere Zeit im Dunkeln durchgeführt (eine Zeit lang mit Jod-Alkohol zur Entfernung von überschüssigem Sublimat). Beim Schneiden (Einbettung in Paraffin) wurde nach, bezw. vor jedem Schnitt eine dünne Kollodiumschicht auf die Schnittfläche aufgetragen. Die Schnitte wurden mit Eiweissglycerin aufgeklebt und meistens mit Grenachers Alauncarmin gefärbt. Da es sich herausstellte, dass die fertigen Schnitte meistens noch Sublimat- oder Quecksilberpartikelchen enthielten, wurden die späteren Serien vor der Färbung noch einmal mit Jod-Alkohol behandelt, wodurch jener Übelstand vollständig beseitigt wurde.

Bezüglich der einzelnen Teile der Eier werde ich im folgenden Kupffers (79) Ausdrücke „Keimpol" und „Gegenpol" in demselben Sinne gebrauchen wie dieser Forscher. Dem Namen Keimpol ist der Ausdruck „aktiver Pol" im topographischen Sinne gleichbedeutend. Da bei befruchteten frischen Eiern, die sich noch in der Gallertkapsel befinden, dieser Pol sich aus jeder anderen Lage sofort nach oben dreht, bezeichne ich die denselben tragende Hälfte als die obere, die dem Gegenpol entsprechende Hälfte als die untere. Den Ausdruck „Segment" gebrauche ich sowohl für vollständig wie für noch unvollständig oder erst andeutungsweise isolierte Furchungsprodukte des Eies, welche einem von gewissen Furchen begrenzten Oberflächenbezirk entsprechen.

IV. Das Ovarialei.

Das ausgewachsene Eierstocksei des Salamanders ist von annähernd kugeliger Gestalt und von recht verschiedener Grösse, so dass man geneigt sein könnte, von einem grossen und einem kleinen Typus zu reden. Die Extreme werden indessen durch allerlei Zwischenformen vermittelt. Die kleinsten von mir beobachteten Formen halten im Durchmesser 3,8 mm[1]), die grössten bis zu 5 mm[2]). Eine bestimmte wesentliche Verschiedenheit im Entwickelungsgange der beiden „Typen" habe ich nicht feststellen können, da ich überhaupt nicht in der Lage war, von jedem etwa eine vollständige Reihe zusammenzubringen, sondern die verschiedenen Grössen sich gegenseitig ergänzen mussten. So weit ich an einzelnen Stadien habe sehen können, scheint an den kleineren Eiern der Teilungsprozess, namentlich im unteren Teil des Eies, etwas rascher, sonst aber ungefähr in der gleichen Weise zu verlaufen, wie an den grösseren. Die Eier sind alle von einer schönen gelblichen Farbe. An der oberen Seite, rings um den Keimpol, ist die Farbe heller, matt weisslich oder crème. Der Durchmesser dieser weisslichen Partie, welche vom übrigen gelben Teil des Eies nicht ganz scharf abgegrenzt ist, wechselt gleichfalls, beträgt aber im allgemeinen etwa $2/3$ des Durchmessers des ganzen Eies, eher etwas weniger, als mehr. Am gehärteten Eie lässt sich diese hellere Partie ebenso deutlich oder noch deutlicher, als am frischen, von dem übrigen Teile des Eies unterscheiden. Etwa mitten in der weisslichen Partie also am Keimpole, sieht man am ausgewachsenen Eierstocksei in gewissen Stadien sehr deutlich das Keimbläschen als kreisrunden, durchscheinenden Fleck von einem Durchmesser bis zu etwa $3/4$ mm. Die den Keimpol umgebende hellere Partie, welche dem Aussehen nach an den Keim eines meroblastischen Eies erinnert, werde ich unten als „Keimfeld" bezeichnen[3]).

An dem durchscheinenden Keimbläschen kann man mit der Loupe, ja auch mit unbewaffnetem Auge, in vielen Fällen

---

[1]) An schon befruchteten, bezw. gefurchten Eiern gemessen.
[2]) An Ovarialeiern gemessen.
[3]) Herr Prof. Froriep hat die Beobachtung gemacht, dass die im Muttertier in situ befindlichen Eierstockseier dieses Stadiums so gestellt sind, dass das Keimbläschen nach oben (dorsalwärts) sieht.

einen kleineren opaken, weisslich erscheinenden Fleck wahrnehmen, zuweilen wandständig, zuweilen anscheinend mitten im Keimbläschen (vgl. Fig. I). Nicht selten habe ich auch deren mehrere (2 oder 3) gesehen.

An frischen Eiern mit scharf konturiertem Keimbläschen lässt sich dieses als zartes, kugeliges, wasserhelles Bläschen unschwer isolieren, wenn man es mitsamt seiner nächsten Umgebung aus dem Eie herausschneidet und z. B. in Kochsalzlösung abpinselt. Zur Demonstration des isolierten Kernes, der unversehrten Kernmembran etc. lässt sich kaum ein schöneres Objekt wünschen. Wird das Bläschen verletzt, so tritt sein Inhalt, bezw. ein Teil davon, heraus, und es bleibt ein gerunzeltes, zusammengesunkenes Säckchen zurück. Ich habe hierbei ebenso wenig wie sonst an dem isolierten Keimbläschen bei Loupenbetrachtung irgend eine Struktur bemerkt, auch nicht die oben erwähnten als weissliche „Flecke" bezeichneten Gebilde, weshalb es mir wahrscheinlich vorkommt, dass diese „Flecke" nur dem Keimbläschen aufsitzende kleine Massen von Dottersubstanz oder dergl. sind, welche bei der Abpinselung entfernt werden. Beim Versuche, das isolierte Keimbläschen in konzentr. Sublimatlösung zu fixieren, schrumpft es mehr oder weniger zusammen oder plattet sich ab. Die mikroskopische Struktur des Keimbläschens in diesem Stadium habe ich nicht untersucht (vergl. unten).

So sehen die ausgewachsenen Ovarialeier wenigstens grösstenteils in der Zeit aus, welche der oben als Befruchtungsperiode hingestellten vorausgeht. Bei einem Teile der Weibchen auch während dieser Periode selbst; bei anderen dagegen war das Keimbläschen kaum oder nur ganz undeutlich, die oben erwähnten weisslichen Flecke oder dergleichen überhaupt nicht zu sehen. Da ich diese grossen, ausgewachsenen Ovarialeier mit undeutlichem Keimbläschen vorzugsweise oder vielleicht ausschliesslich während der Fortpflanzungszeit, während dieser aber auf einmal recht häufig, antraf, und da andererseits an Eiern, die sich in der Bauchhöhle oder in den Eileitern befanden, d. h. schon befruchtet waren, vom Keimbläschen, bezw. von seinen Derivaten, äusserlich nichts zu sehen war, nahm ich zunächst an, dass jene Ovarialeier der Reife vielleicht näher ständen, als diejenigen mit scharf gezeichnetem Keimbläschen. Allein der Vergleich des mikroskopischen Befundes an einem solchen undeutlichen Keimbläschen mit den von mehreren Forschern beschriebenen verschiedenen Stadien des reifenden Keimbläschens anderer Amphibieneier lässt mich vermuten, dass die betreffenden Ovarialeier doch vielmehr jüngere Stadien vorstellen als jene, welche ein scharf gezeichnetes Keimbläschen aufweisen.

Zunächst zeigen Vertikalschnitte durch ein Ei (vom 29. VI. 93), dessen Keimbläschen am frischen Ei eben noch, aber undeutlich, am gehärteten dagegen nicht mehr erkennbar war, in nicht weniger als 51 Schnitten (à $^3/_{200}$ mm Dicke) das Keimbläschen getroffen, was für dieses in der entsprechenden Richtung einen Durchmesser von etwa 0,75 mm ergiebt. Der Durchschnitt des Keimbläschens hat in allen diesen Schnitten eine annähernd kreisrunde Gestalt mit erst zu-, dann wieder abnehmendem Durchmesser; der grösste in einem Schnitt direkt gemessene Durchmesser des Keimbläschens beträgt ebenfalls etwa 0,75 mm. Das letztere besitzt demnach in diesem Stadium eine annähernd kugelige Gestalt und einen Durchmesser von ungefähr $^3/_4$ mm.

Fig. II stellt den ungefähr in der Eiaxe verlaufenden Vertikalschnitt von diesem Ovarialei dar. Bei schwacher Vergrösserung zeigt das Keimbläschen in diesem ebenso wenig wie in den übrigen es enthaltenden Schnitten irgend eine Struktur. Es bietet vielmehr das Aussehen einer hyalinen, homogenen Platte. Bei stärkerer Vergrösserung (Hartnack, Syst. 7) findet man zunächst das Keimbläschen an vielen Stellen mit einem feinen scharf gezeichneten Kontur versehen. Dieser erscheint an manchen Stellen etwas wellig gebuchtet, was wohl eine leichte

Schrumpfung bedeutet. An vielen anderen Stellen dagegen ist ein solcher scharf gezeichneter Kontur nicht zu sehen, obwohl auch hier die Grenze zwischen dem Dotter und dem Keimbläscheninhalt natürlich eine ganz scharfe ist. Als Membran ist infolgedessen der erwähnte Kontur an sich kaum mit Sicherheit anzusprechen, indessen macht es schon die regelmässige rundliche Gestalt des Keimbläschens einigermassen wahrscheinlich, dass es sich in der That um die Kernmembran handelt. Von Farbstoff hat sie keine Spur angenommen. Innerhalb der Substanz des Keimbläschens sieht man jetzt hier und da kleine runde Körnchen oder Plättchen von 4—6 μ Durchmesser. Diese zeigen auf den ersten Blick eine entfernte Ähnlichkeit mit den kleinsten Dotterelementen, von welchen sie sich indessen durch ihre regelmässig kreisrunde Gestalt sowie durch die Art ihrer Färbung und durch ihren starken Glanz (Lichtbrechung) unterscheiden. Sie haben nicht nur noch reichlicheren Farbstoff (Alaunkarmin), sondern auch einen mehr violetten Farbenton angenommen als die Dotterelemente. Meist liegen diese Gebilde, einzeln oder zu mehreren aufgereiht, der Innenseite der fraglichen Membran an; einige finden sich vereinzelt etwas mehr gegen das Centrum des Keimbläschens. Sie sind wohl ohne Zweifel als Nukleoli anzusprechen. Einmal auf sie aufmerksam gemacht, kann man sie übrigens auch bei schwächerer Vergrösserung als Pünktchen erkennen. Auch die Grundsubstanz des Keimbläschens lässt bei starker Vergrösserung und sehr aufmerksamer Betrachtung, besonders bei Anwendung enger Blende, eine gleichmässige, äusserst feinkörnige Struktur oder Beschaffenheit erkennen. Ich halte es für recht wahrscheinlich, dass diese feinkörnige Beschaffenheit, wie O. Schultze (87, S. 193 und 195) meint, als ein Produkt der durch die Fixierung bewirkten Gerinnung aufzufassen ist.

Endlich habe ich in zahlreichen Schnitten vereinzelte Gebilde eigentümlicher Art gesehen. Es sind kurze, unregelmässig geschlängelte strangförmige Agglomerate von winzigen Körnchen, die allerdings äusserst wenig, aber immerhin eine Spur von Farbstoff angenommen haben und sich durch ihren violetten Farbenton und (bei gewisser Einstellung des Tubus) ihren Glanz als aus chromatischer Substanz bestehend kundgeben. Die Körnchen verleihen dem ganzen Gebilde ein unebenes, höckeriges Relief (gezackten Kontur). Indessen sind diese Gebilde so klein, unscheinbar und schwach gefärbt, dass sie lange Zeit meiner Aufmerksamkeit ganz entgingen oder ich sie für zufällige Verunreinigungen der Präparate hielt. Mehr oder weniger ähnliche, zum Teil wohl etwas verschieden aufgefasste Gebilde sind von mehreren Forschern im Keimbläschen reifender Amphibieneier gesehen und beschrieben worden (vgl. O. Schultze [87, S. 198], Jordan [93, S. 299—300], Born [94]). Indessen sind meine Gebilde, wenigstens bei der Vergrösserung (Hartnack 7), auf welche sich die obige Beschreibung bezieht, viel zu undeutlich, um einen bestimmteren Vergleich zu gestatten.

Hinsichtlich der Strukturverhältnisse würde sich das oben geschilderte Keimbläschen am ehesten mit Borns (94) Stadium III (bei Triton taeniatus) vergleichen lassen, von welchem Born sagt, dass, abgesehen von den (wandständigen) Nukleolen, im Keimbläschen keine chromatische Struktur zu sehen ist, so „dass man eine Zeit lang den Keimbläscheninhalt als beinahe gleichmässig blass und homogen bezeichnen könnte" (Born 94, S. 28, vgl. S. 18). Allein das erwähnte Stadium von Born betrifft noch verhältnismässig junge Eier, während das meinige schon ausgewachsen ist. Das dürfte diesen Vergleich ausschliessen. Nach dem relativen Entwickelungsgrade der Eier würde man wohl am ehesten erwarten, dass das hier besprochene Keimbläschen in der Struktur übereinstimmen sollte mit demjenigen von Borns Stadium V, in welchem nicht nur das Ei seine definitive und das Keimbläschen seine bedeutendste Grösse erreichen, sondern das Keimbläschen auch bis dicht unter die Oberfläche des Eies (an den aktiven Pol) gerückt ist, wo es mehr oder weniger deutlich durchschimmert. Die Nukleoli sind in diesem Stadium zum Teil noch wandständig bezw. peripher gelegen, zum Teil finden sie sich um das Centrum des Keimbläschens gruppiert („perimitotisch"); die letzteren sind oft abgeblasst. Hiermit liesse sich mein Befund auch insofern in Einklang bringen, als ich einige Nukleoli im Inneren (jedoch noch nicht im Centrum) des Keimbläschens vorfand; unter diesen waren wohl auch einige solche blassen „Nukleolenschatten" vorhanden. Die oben besprochenen strangförmigen Gebilde wären dann wohl als Andeutungen der von Born (94, S. 33—35) für dieses Stadium beschriebenen in Ausbildung begriffenen Chromatinfäden aufzufassen. Auffallend erscheint mir in meinem Falle, von diesem Gesichtspunkte, nicht so wohl die Struktur der betreffenden Gebilde, die sich vielleicht durch zu schwache Vergrösserung oder durch für diese Stadien unzweckmässige Behandlungsmethoden erklären liesse, als vielmehr ihre Lage, indem sie weder im Centrum des Keimbläschens, noch überhaupt beisammen liegen, sondern sich, isoliert und in grossen, jedoch ganz unregelmässigen Zwischenräumen zerstreut, mehr im peripheren Gebiete des Keimbläschens finden. Von einem Centralkörperchen im Sinne Borns ist in meinem Falle überhaupt keine Spur zu sehen; das ganze centrale Gebiet zeigt vielmehr gleichmässig die oben erwähnte blasse feinkörnige Beschaffenheit.

Obwohl durch diese Differenzen zwischen Borns Stadium V und dem oben besprochenen Keimbläschen die Schätzung des letzteren bedeutend erschwert ist, so glaube ich doch, dass dasselbe etwa in jene Kategorie hineingehört, und dass das betreffende Ovarialei somit ein etwas jüngeres Stadium darstellt als diejenigen mit scharf gezeichnetem Keimbläschen (Stad. VI von Born [94, S. 36—37]).

Dass ich die ausgewachsenen Ovarialeier mit undeutlich konturiertem Keimbläschen wenn nicht ausschliesslich, doch vorzugsweise während der Fortpflanzungszeit antraf, habe ich versucht, mir durch die Annahme zu erklären, dass in dieser Zeit ein rascheres Wachsen und Heranreifen der vorher unreifen Ovarialeier stattfände als sonst. (Übrigens ist es auch nicht ausgeschlossen, dass sich bei Untersuchung einer grösseren Anzahl der betreffenden Eier herausstellen würde, dass einige von ihnen doch gerade die Endstadien der ovarialen Reife [Reduktion des Keimbläschens] darstellen.) Dass dagegen die verhältnismässig reiferen Eierstockseier, d. h. diejenigen mit scharf gezeichnetem Keimbläschen, auch sonst so oft angetroffen werden (vgl. oben S. 160, S. 170), braucht noch nicht eine Ausdehnung der Fortpflanzungszeit zu bedeuten, da man diesen Umstand vielleicht auch als ein Zeichen dafür auffassen könnte, dass die einmal bis zu diesem Grade angereiften Eier lange Zeit in fast unverändertem Zustande im Ovarium verweilen können.

Im übrigen muss ich darauf verzichten, in diesem Zusammenhang auf eine ausführlichere Besprechung dieser Vorstadien einzugehen. Die genauere Erörterung des Verhältnisses der verschiedenen hier erwähnten Formen von Ovarialeiern (bezw. von deren Keimbläschen) unter sich und zur definitiven Reife des Ovarialeies würde im Zusammenhang mit derjenigen der post-ovarialen Reifungs- sowie der Befruchtungserscheinungen ein besonderes Studium voraussetzen. Ein solches lag dem Zweck meiner Arbeit fern und wurde daher unterlassen. Aber als Ausgangspunkt für die Besprechung der frühen Entwickelungsstadien des befruchteten Eies habe ich die wenigen Beobachtungen, die ich nebenbei über das Eierstocksei machte, hier mit einfliessen lassen. Aus ähnlichem Grunde, d. h. zum Vergleich mit späteren Stadien mag noch über die Anordnung der übrigen Bestandteile des oben besprochenen Ovarialeies einiges bemerkt werden.

Entsprechend dem bei äusserlicher Betrachtung erkennbaren helleren Felde (Keimfelde) am aktiven Pole findet man im Vertikalschnitt (Fig. II) in der betreffenden Gegend eine feinere, gleichförmigere Substanz, als in den übrigen Teilen des Eies. Unmittelbar unter der Oberfläche liegt hier eine schmale Zone (*a*), welche sich bei starker Vergrösserung (Hartn. 7) als feinkörnig, bei schwacher als beinahe ganz homogen darstellt. Nach unten geht sie ohne scharfe Grenze in eine folgende Zone (*b*) über, welche sich schon bei schwacher Vergrösserung körnig zeigt. Bei stärkerer Vergrösserung (Hartn. 7) erkennt man, dass diese Zone unzählige Körnchen und kleinste Dotterplättchen enthält. Die kleinsten Körnchen sind bei dieser Vergrösserung noch nicht messbar. Die hier vorkommenden Dotterplättchen zeigen im Allgemeinen nicht die regelmässige elliptische oder breit spindelförmige Gestalt, welche im übrigen Teile des Eies vorherrscht, sondern sind vielfach unregelmässig eckig und abgestumpft. Die kleinsten reihen sich bezüglich der Grösse den erwähnten Körnchen an, die grössten erreichen einen Durchmesser von 4—6 μ, höchstens 7 μ. Nur an einer Stelle, zur Seite des Keimbläschens, findet man in dieser Zone einen schmalen Streifen aus gröberem Gefüge. Es findet sich darin eine geringe Anzahl viel grösserer Dotterplättchen (bis 15 μ im Durchmesser) unter die feineren Elemente gemischt. Es sieht aus, als hätte sie der Kern bei seiner Wanderung gegen die Oberfläche des Eies aus dem grobkörnigen Dotter mitgerissen.

Die zuletzt besprochene Zone (*b*), welche die erste an Breite bedeutend übertrifft, geht ihrerseits nach unten ohne scharfe Grenze, aber doch, besonders in der Gegend des Keimbläschens, ziemlich plötzlich in den übrigen, grosse Dotterplättchen enthaltenden Dotter über. Unter dem Keimpole des Eies liegt das vorher besprochene Keimbläschen, und zwar so, dass sein grösster Teil innerhalb der oberen feinkörnigen Masse (*a* und *b*) gelegen ist, während an seine untere Fläche bereits der grobkörnige Dotter stösst. Die das Keimbläschen von der Oberfläche des Eies trennende Schicht, hauptsächlich der Zone *a* gehörig, ist an der dünnsten Stelle (am Keimpol) nur etwa 0,15 mm dick.

Auch in dem grobkörnigen Dotter zeigen die denselben zusammensetzenden Elemente keineswegs überall die gleiche Grösse und Anordnung. Das Centrum des Eies bietet eine gleichförmige und dichte Anordnung überwiegend mittelgrosser Plättchen (10 bis 15 μ) dar. Umgeben wird diese centrale Zone von einer anderen, in welcher die Dotterplättchen grösser und zugleich weniger dicht angeordnet sind, als im Centrum. Die oberflächlichste Zone, abgesehen von der schon besprochenen Gegend des Keimpoles, weist noch grössere Dotterplättchen auf, in der Gegend des Gegenpoles bis zu einem Durchmesser von 30 μ, daneben aber zahlreiche kleinere Plättchen und Körnchen, welch' alle Elemente dieser oberflächlichen Zone wiederum ein recht dichtes Gefüge verleihen. Solche körnige Substanz findet sich auch im Centrum und unterhalb des Keimbläschens zwischen den gröberen Dotterelementen. Diese liegen also fast überall gewissermassen in eine aus feineren Elementen bestehende Masse eingebettet, nur mit Ausnahme des grösseren Teiles der oben erwähnten pericentralen Zone, welche hauptsächlich nur grössere Dotterplättchen, aber nur sehr wenige Körnchen aufweist. Die meisten Dotterplättchen zeigen, wie schon bemerkt wurde, eine ausgesprochen längliche, elliptische oder breit spindelförmige Gestalt.

Obwohl ich hier den Ausdruck Dotterplättchen gebraucht habe, habe ich damit nicht eine von O. Schultze abweichende Meinung über die wahre Gestalt der Dotterelemente andeuten wollen. Wären diese in Wirklichkeit Scheibchen, so müsste man in den Schnitten öfters stabförmig sich darstellende Durchschnitte von ihnen finden. Solche habe ich fast nirgends gesehen, und habe daher eine ähnliche Auffassung von diesen Elementen gewonnen, wie der genannte Forscher (87, S. 191—192). Nur scheint mir die in den Schnitten fast konstant elliptische oder spindelförmige Gestalt nicht gerade für eine kugelförmige Gestalt der Elemente, sondern eher für die eines abgeplatteten Rotationsellipsoides zu sprechen. Der oben gebrauchte

Ausdruck bezieht sich, ebenso wie die ganze obige Schilderung,
eben nur auf das im Schnitte sich darbietende Bild, aus dem
man überall zunächst den Eindruck von „Plättchen" gewinnt.

V. Das befruchtete Ei.

Die im erweiterten unteren Abschnitte des Eileiters verweilenden Eier sind von zweierlei Hüllen umgeben. Beide sind im frischen Zustande vollkommen durchsichtig. Dem Eie am nächsten und zwar demselben wohl sehr enge anliegend, findet sich eine ausserordentlich zarte Membran, die Dotterhaut der Autoren. Diese ist am Salamanderei so zart und durchsichtig, dass ich mich nicht erinnern kann, dieselbe im frischen Zustande überhaupt bemerkt zu haben. Die äussere Umhüllung ist ein Produkt des Eileiters und hat die Konsistenz einer ziemlich festen und zähen Gallerte. Im Eileiter ist diese Gallertkapsel sehr glatt und elastisch und liegt dem Ei ebenfalls recht enge an, so dass man sie mit einer Pinzette kaum erwischen kann, ohne das Ei selbst zu verletzen. Bringt man aber das Ei in Wasser oder eine andere Flüssigkeit (selbst in physiologische Kochsalzlösung), so erweitert sich bald die Gallertkapsel durch Imbibition der betreffenden Flüssigkeit. Durch die Einwirkung der Fixierungsflüssigkeiten verliert die Gallertkapsel ausserdem ihre glatte Beschaffenheit und ihre Elastizität, so dass man sie nunmehr mit Leichtigkeit anfassen, zerschneiden und entfernen kann (vgl. S. 168). Die Dotterhaut dagegen habe ich immer unberücksichtigt gelassen; trotzdem hat sie sich, ungeachtet der nachfolgenden Alkoholbehandlung, später selten in störender Weise bemerkbar gemacht. Nur an den Schnitten ist sie stets als feiner, oft teilweise unterbrochener Kontur erkennbar, welcher dem eigentlichen Schnitte gewöhnlich nicht mehr überall dicht anliegt.

Da infolge der innerhalb des mütterlichen Organismus erfolgenden Befruchtung und Entwickelung der Eier der Moment der ersteren sich nicht bestimmen lässt, ist es natürlich auch nicht möglich, anzugeben, wie lange Zeit nach derselben die erste Furche erscheint. Zur Beantwortung dieser Frage habe ich nur in den schon oben (im Kapitel über die Fortpflanzung, S. 162) erwähnten Beobachtungen vom 5. VII. 92 und 20. VI. 93, namentlich in der ersteren, einen allerdings sehr unbestimmten Anhaltspunkt finden können. In dem betreffenden Falle wurde das Weibchen früh am Morgen eingefangen und am Vormittag desselben Tages getötet, wobei die Eileiter teils noch ungefurchte, aber doch befruchtete Eier, teils solche mit einer kurzen ersten Furche enthielten. Ich kann nur annehmen, dass die Befruchtung dieser Eier erst in der betreffenden Nacht, bezw. früh am Morgen erfolgt war, aber wie viele Stunden gerade vor der Untersuchung des Weibchens, ist freilich ganz unmöglich zu sagen.

Im Vergleich mit dem im vorigen Kapitel geschilderten Ovarialei zeigt ein solches befruchtetes, aber noch ungefurchtes Ei folgende Verschiedenheiten: Die am Keimpol befindliche hellere Partie, das Keimfeld, erscheint von dem übrigen, gelblichen Dotter vielleicht etwas schärfer abgegrenzt, als dort. Im übrigen sind äusserlich (und makroskopisch) keine Besonderheiten zu erkennen. Namentlich ist von einem Kern äusserlich nichts zu sehen.

Vertikalschnitte durch ein solches Ei (Fig. III[1]) zeigen die obere, feinere, den Kern umgebende Schicht besonders in der Mitte (Gegend des Kernes) schärfer gegen den grobkörnigen Dotter abgegrenzt. Die beim Ovarialei beschriebenen Schichten a und b (s. S. 176) lassen sich dagegen nicht mehr unterscheiden; beide sind vielmehr zu einer recht gleichförmigen Schicht verschmolzen. Diese ist überall feinkörnig, und selbst mit Syst. 7 sind die typischen regelmässigen „Plättchen" kaum irgendwo darin zu erkennen, sondern unregelmässig abgestumpfte oder eckige Körperchen, die sich nur sehr schwach tingiert haben und die dieser Schicht gerade das feine granulierte Aussehen verleihen.

Der grobkörnige Dotter zeigt im Ganzen noch die gleiche Anordnung seiner Elemente, wie in dem oben besprochenen Ovarialei. Das ist namentlich im Centrum des Eies sowie in der oberflächlichsten Zone der Fall. Dagegen erscheint das Gefüge der „pericentralen" Zone gegen früher noch etwas lockerer, so dass die grossen Dotterelemente hier an manchen Stellen auffallend weit auseinanderliegen und zwischen ihnen gar keine feinere Substanz erkennbar ist. Der Kern ist an der Grenze zwischen der oberen, feinkörnigen Schicht und dem grobkörnigen Dotter gelegen, so dass die Elemente des letzteren unmittelbar an seine Unterfläche stossen. Er befindet sich nicht im Ruhezustand, sondern bietet das Bild des Äquatorialplattenstadiums der mitotischen Kernteilung dar. War im Kern des oben besprochenen Ovarialeies von einer Struktur wenig oder nichts zu sehen, so erkennt man dagegen hier mit Leichtigkeit die (Mutter-) Chromatinschleifen, die achromatischen Spindelfasern und die Polstrahlen (Fig. III[2]). Einen wesentlichen Unterschied gegenüber dem Ovarialei zeigt der Kern des vorliegenden Stadiums natürlich auch hinsichtlich der Dimensionen, wie ein Blick auf die Figg. II und III[1] darthut.

VI. Der Furchungsprozess.

Erstes Furchungsstadium. (Vgl. Fig. IV.)

An anderen Eiern desselben Weibchens war, wie bereits erwähnt, die erste Furche schon aufgetreten, aber vorläufig von geringer Ausdehnung, indem sie an einigen Eiern den Bereich des Keimfeldes noch nicht, an anderen zwar um etwas überschritten, aber den Äquator des Eies noch nicht erreicht hatte. Das Keimfeld ist vom übrigen Dotter etwa ebenso deutlich abgegrenzt wie an den noch ungefurchten Eiern (Fig. IV[1]).

Senkrecht zur Furche geführte Vertikalschnitte durch ein Ei, an welchem die Furche eben den Rand des Keimfeldes erreicht hatte (Figg. IV[1], IV[2]), zeigen die obige feinkörnige Schicht noch schärfer vom übrigen Dotter abgegrenzt, als vorher. In der Mitte, wo die Furche sich befindet, ist die Grenze am schärfsten, während sie nach den Seiten hin (im peripheren Gebiet des Keimfeldes) allmählich undeutlicher wird. An den Schnitten ist die feinkörnige Schicht in der Mitte, also der Gegend des Keimpoles entsprechend, niedriger als an den Seiten. (Dasselbe war schon im ungefurchten Eie der Fall, vgl. Fig. III[1].) Die Teilung betrifft, auch hinsichtlich der Tiefe, vorläufig nur die feinkörnige Schicht. Diese und ebenso der grobkörnige Dotter verhalten sich im übrigen wie in dem noch ungefurchten Ei.

Jederseits der Furchungsebene liegt in einiger Entfernung (etwa 0,5 mm) ein Kern. Beide Kerne liegen genau an der Grenze zwischen fein- und grobkörniger Substanz, so genau, dass sie keiner von beiden zugerechnet werden können, sondern wie zwischen beide eingeklemmt liegen. Sie befinden sich beide anscheinend im Ruhezustand, haben eine längliche Gestalt und sehen etwas geschrumpft aus. Die Kernmembran zeigt sich demgemäss etwas in Falten gelegt. Das Innere des Kerns bietet das gewöhnliche Aussehen des ruhenden Kernes dar. Die Länge jedes Kernes beträgt (senkrecht zur Furche) etwa 45 μ.

Ein ähnliches Ei wurde parallel der Furchungsebene geschnitten. Die Furche war über das Keimfeld hinaus, aber noch nicht bis zum Äquator vorgeschritten. Die feinkörnige Substanz zeigt in diesen Schnitten die gleiche Gestalt wie in den vorhin beschriebenen, d. h. sie ist in der Mitte niedriger, an den Seiten höher. Es ist also in diesen Stadien der periphere Bezirk der feinkörnigen Schicht im Verhältnis zum Centrum derselben, ringsum etwas wulstförmig verdickt. Vom grobkörnigen Dotter ist die feinkörnige Schicht in diesem Ei, besonders in der Mitte ganz scharf abgegrenzt; seitwärts ist die Grenze zwar auch noch recht deutlich, jedoch nicht in demselben Grade wie in der Mitte. Innerhalb der dünneren Mittelpartie der feinkörnigen Schicht liegen auf je einer Seite der Furchungsebene, und ungefähr gleich weit entfernt von dieser, die beiden Kerne, der unteren Grenze dieser Schicht zwar sehr nahe, aber doch deutlich allseitig von ihrer Substanz umschlossen. Die Kerne befinden sich nicht mehr im Ruhezustand, sondern haben den nächsten Teilungsprozess bereits eingeleitet (Äquatorialplattenstadium (?), sehr langgestreckte Spindel, Polstrahlung und Centralkörperchen erkennbar, die ganze Teilungsfigur nicht günstig getroffen).

Zweites Furchungsstadium. (Vgl. Fig. V u. VI.)

Von dem nächstfolgenden Stadium mit zwei Furchen (Figg. V, VI) habe ich ziemlich zahlreiche Fälle gesehen. Die erste Furche hatte in allen diesen Fällen den Äquator des Eies erreicht. In einigen Fällen ist sie erst wenig über diesen hinaus vorgerückt, meistens aber hat sie sich schon bis zum Gegenpol verlängert. Auch die zweite Furche hatte in vielen Fällen den Äquator des Eies schon erreicht oder überschritten. Für die von mir beobachteten Fälle dieses Stadiums trifft somit Beneckes (80) Bemerkung nicht zu, „dass die beiden ersten Furchen ein kleines Kreuz auf dem aktiven Pole bilden." Es mag aber bemerkt werden, dass die meisten (jedoch nicht alle) der in diesem Stadium von mir beobachteten Eier dem „kleinen Typus" (vgl. oben S. 168) angehörten, so auch das in Fig. V, dagegen nicht das in Fig. VI abgebildete Ei.

Die Furchen, sowohl die erste, wie die späteren, bieten keineswegs immer und überall ein gleichmässiges Aussehen dar, sondern erscheinen oft an einzelnen Stellen tiefer und auch weiter, als an anderen (vgl. Figg. IV, V, VIII, XI^2 u. a.) Namentlich ist das oft an den jeweiligen Enden der noch unvollendeten Furchen oder in der Nähe dieser Stellen der Fall. Diese

Erscheinung macht den Eindruck, als wäre an jenen Stellen die mit dem Teilungsprozess der Eimasse verknüpfte Arbeit besonders schwer, so dass eine aussergewöhnliche Kraft entfaltet werden müsste, um die Furche durchzubringen.

An der Unterseite des in Fig. V abgebildeten Eies konnte zwischen den so beschaffenen Enden der zweiten Furche eine durch den Gegenpol verlaufende sehr schwache Andeutung einer Fortsetzung der Furche wahrgenommen werden.

Das Ei der Fig. VI wurde in eine Serie von Vertikalschnitten zerlegt. Aus diesen geht hervor, dass die erste Furche das Ei bereits beinahe vollständig in zwei Hälften zerlegt hat. Die verschiedenen Dottersubstanzen bieten keine bemerkenswerten Abweichungen von dem zuletzt besprochenen Stadium dar. Die Kerne, vier an der Zahl, befinden sich etwa in demselben Teilungsstadium, wie die zuletzt (vor. S.) erwähnten Kerne des vorigen Stadiums. Zwei von den Kernspindeln stehen je annähernd, aber nicht genau senkrecht auf der durch sie gehenden Meridianebene, eine dritte liegt in der entsprechenden Meridianebene, parallel der Oberfläche des Eies; die vierte stimmt wahrscheinlich mit der zuletzt erwähnten überein, ist aber durch die Schnittrichtung so ungünstig getroffen, dass ich ihre Stellung nicht einmal durch Kombination der betreffenden Schnitte sicher bestimmen kann.

Abgesehen von den erwähnten Kernen habe ich in den hier oben besprochenen Eiern weder in der feinkörnigen Schicht, noch in dem grobkörnigen Dotter irgend welche Gebilde beobachtet, welche als Kernsubstanz, bezw. als Produkte einer etwaigen Polyspermie aufgefasst werden könnten.

Drittes Furchungsstadium. (Vgl. Fig. VII, VIII, IX.)

Nicht immer schreiten indessen die beiden ersten Furchen so rasch gegen den Gegenpol, bzw. durch das innere des Eies vor, wie in den eben erwähnten Fällen, welche das zweite

Furchungsstadium betreffen. In den von mir beobachteten Fällen des nächstfolgenden Stadiums, z. B., liegen die Verhältnisse anders, indem hier noch keine Furche den Gegenpol erreicht hat (Figg. VII — IX). Es sind in diesen Fällen im Bereiche des Keimfeldes latitudinale oder sog. horizontale [1]) Furchen aufgetreten; die Furchenbilder lassen sich aber nicht ganz leicht auf das vorige Stadium mit nur zwei sich kreuzenden Furchen zurückführen.

In einem Falle (Fig. VII) befindet sich am Keimpol ein einziges kleineres polygonales, gerade die Polgegend einnehmendes (?) Segment („Mikromer"). Von der dasselbe umgebenden, vielfach gebrochenen Furche gehen sechs meridionale Furchen ab, von welchen drei nur ganz kurz sind, während die drei anderen, in regelmässiger Abwechslung mit jenen, den Äquator überschritten haben und auf der unteren Seite des Eies verstreichen. Ähnlich verhält sich bezüglich der meridionalen Furchen das in Fig. VIII abgebildete Ei, nur dass hier bloss zwei kurze und drei längere Furchen vorhanden sind. Aber am aktiven Pole befinden sich in diesem Falle zwei kleinere Segmente. Im dritten Falle endlich (Fig. IX) sind oben gleichfalls zwei kleinere Segmente („Mikromeren") vorhanden. Von deren Umfang gehen sechs in meridionaler Richtung verlaufende Furchen ab, von welchen zwei ganz kurz sind, während

---

[1]) Auf die Furchen verwendet, sollte die häufig gebrauchte Bezeichnung „horizontal" einen (womöglich von der Lage des Eies unabhängigen) Gegensatz der Verlaufsrichtung der betreffenden Furche zu dem meridionalen, sowie meistens eine Übereinstimmung mit dem äquatorialen Verlauf ausdrücken. Eine solche Bedeutung liegt aber nicht in dem Worte „horizontal". Wenn man sich das Ei so gelagert denkt, dass die Eiachse senkrecht, der aktive Pol nach oben, steht, könnte man, besonders au grösseren Eiern, beinahe alle in der Nähe dieses Poles befindlichen Furchen und Furchenabschnitte (z. B. von den meridionalen Furchen) als horizontal bezeichnen. Ich werde daher in dem obigen Sinne den Ausdruck latitudinal anstatt „horizontal" gebrauchen, was auch insofern konsequenter sein dürfte, als dieser Ausdruck, ebenso wie die Bezeichnungen meridional und äquatorial, den Kreissystemen der mathematischen Geographie entlehnt ist.

vier den Äquator des Eies überschritten haben und sich im übrigen wie in den beiden anderen Fällen verhalten, ausser dass drei von ihnen dem Gegenpol schon recht nahe gerückt sind.

Wie sind nun diese Bilder aufzufassen?

Bei ausschliesslicher Berücksichtigung der äusseren Konfiguration stellen sich dem Verständnis derselben zwei Hauptschwierigkeiten entgegen.

Erstens, wenn schon das dritte Furchensystem vorliegt, müsste man wohl verlangen dürfen, die beiden sich kreuzenden Furchen, bezw. die von diesen Furchen getrennten vier Quadranten des vorhergehenden Stadiums wenigstens andeutungsweise erkennen zu können. In dieser Hinsicht bieten Figg. VII und VIII unklare Verhältnisse dar, weil, wie schon bemerkt, diese Eier nur je drei etwas längere Furchen von meridionalem Verlauf aufzuweisen haben. Dagegen lässt Fig. IX² an der Unterseite des betreffenden Eies die beiden ersten Furchen erkennen, deren Verlauf an der oberen Seite des Eies allerdings nicht mehr ohne weiteres erkennbar ist.

Zweitens dürfte man, vorausgesetzt dass die dritte Furche einen latitudinalen (s. die Note S. 184) Verlauf nähme, erwarten, am Keimpole eine der Zahl der im vorigen Stadium vorhandenen Segmente entsprechende Anzahl kleinerer Segmente anzutreffen. Nun sind aber dort nur zwei, oder (Fig. VII) gar nur ein einziges solches Segment vorhanden.

Da es klar ist, dass die kleinen oberen Segmente von den grossen (Quadranten) des vorhergehenden Stadiums durch Scheitelabschnürung entstanden sein müssen, so könnte die Frage aufgeworfen werden, ob die zwei kleinen Segmente der Figg. VIII und IX in jedem Falle einem, oder zwei verschiedenen Quadranten entstammen. Es würden, von diesem Gesichtspunkte, in Fig. VII die einfachsten Verhältnisse vorliegen, weil hier überhaupt nur ein kleines Segment vorhanden ist, welches in der erwähnten Beziehung keinen Zweifel übrig lässt. Indessen erscheint mir das Ei der Fig. IX am besten geeignet, über die fraglichen Punkte Aufklärung zu geben, schon deshalb, weil die hier wenigstens in einem Teil ihres Verlaufes erkennbaren beiden ersten Furchen einen wertvollen Anhaltspunkt darbieten. Nun sind hier, wie erwähnt, am oberen Pole zwei kleinere Segmente vorhanden. A priori möchte man wohl lieber annehmen, dass diese je einem Quadranten entstammen. Eine schwache Stütze erhält diese Annahme durch das Verhalten der Kerne des in Fig. VI abgebildeten Eies (s. S. 183), wonach an diesem Ei ein annähernd gleichzeitiges Auftreten der dritten Furche an allen vier Quadranten, und zwar mindestens an einem, vielleicht an zweien von ihnen, in latitudinaler Richtung zu erwarten gewesen wäre.

Allerdings scheint mir gerade in Fig. IX[1] die äussere Konfiguration auch nicht die Annahme auszuschliessen, dass die beiden kleinen Segmente *d* und *k* zusammen ein von *K* abgeschnürtes, schon von neuem geteiltes Scheitelsegment repräsentieren würden. Die centrale Lage und die verhältnismässig bedeutende Grösse des einzigen ähnlichen Segmentes in Fig. VII würden diese Annahme stützen. Wollte man diesen Fall annehmen, müsste indessen eine ausserordentliche Verschiedenheit der einzelnen Quadranten in Bezug auf die Zeit des Auftretens der dritten Furche vorausgesetzt werden. Es würde z. B. die Furche $\vartheta - \pi$ bereits vierter Ordnung sein, während das Segment *D* noch keine Furche dritter Ordnung aufzuweisen hätte. Ähnliche Bedenken stellen sich übrigens auch fast jeder anderen möglichen Kombination entgegen.

Zählt man aber die an dem Ei thatsächlich vorhandenen Furchen, so findet man, dass ihre Anzahl genau der des dritten Furchungsstadiums entspricht. Das beweist, dass es sich mindestens um dieses Stadium handelt, und macht es zugleich in gewissem Grade wahrscheinlich, dass gerade die Furchen dritter Ordnung aber noch keine höherer Ordnung vorhanden sind.

Nimmt man nun an, dass die kurzen Furchen $\nu-\mu$ und $\varkappa-\lambda$ die Furchen dritter Ordnung von je einem Quadranten sind, so ergiebt sich von selbst, dass d zu D und k zu K gehören (vergl. nebenstehenden Holzschnitt zu Fig. IX).

Diese Auffassung scheint mir in der That aus den oben berührten Gründen die annehmbarste zu sein. Danach würden die beiden ersten Furchen von den vielfach gebrochenen Linien $\alpha-o-\vartheta-\pi-\varepsilon-\nu-\beta$ (erste) und $\gamma-\eta-\varkappa-\pi-\varepsilon-\zeta-\delta$ (zweite) repräsentiert werden. Am Keimpole haben derartige gegenseitige Verschiebungen stattgefunden, dass die beiden ersten Furchen nunmehr diesen sonderbaren Verlauf haben und auf der Strecke $\varepsilon-\pi$ zusammenfallen. Die vermutliche erste Furche ist in nebenstehendem, sowie in den folgenden Holzschnitten mit unterbrochener, die zweite mit punktierter Linie gezeichnet.

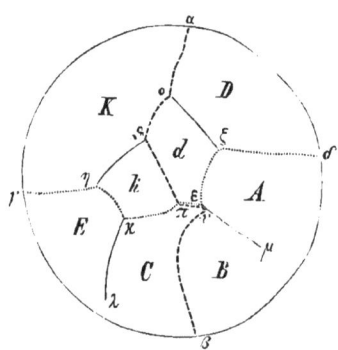

Holzschnitt zu Fig. IX.

Die Gegend des Keimpoles des in Fig. VIII (vergl. den Holzschnitt auf folgend. S.) abgebildeten Eies weist zwei kleine Segmente auf, welche eine an diejenige des vorhin besprochenen Eies lebhaft erinnernde Konfiguration bedingen. Schon aus diesem Grunde wird man wohl eine ähnliche Entstehungsweise der beiden Segmente annehmen dürfen wie in jenem Falle. Aber das Vorhandensein von nur drei längeren und zwei kurzen Meridianfurchen erschwert freilich die Deutung dieses Bildes. Ich kann nur die Vermutung aussprechen, dass die wiederholt gebrochene Linie $\alpha-\varkappa-\zeta-\eta-\iota-\beta$ (oder möglicherweise $\alpha-\varkappa-\vartheta-\eta-\iota-\beta$) die erste, und die Linie $\gamma-\varepsilon-\zeta-\eta-\vartheta-\delta$ die zweite Furche vorstellt. Die Furche $\iota-\lambda$ wäre eine meridional, $\vartheta-\varkappa$ (oder

$\zeta-\varkappa$) eine etwa latitudinal, $\varepsilon-\iota$ eine schräg verlaufende Furche dritter Ordnung, während am Segmente A (oder B) die Furche dritter Ordnung noch nicht erschienen wäre. Als Anhaltspunkt für die Unterscheidung der ersten und zweiten Furche in diesem sowie in dem nächstfolgenden Falle dient mir der Umstand, dass am Tritonei die dritte Furche von der zweiten ihren Ausgang nimmt (vergl. Grönroos, 90, S. 34, ferner v. Ebner, 93, S. 8). Wenn die dritte Furche (am Tritonei) meridional verläuft, so trifft sie mit der ersten eventuell gar nicht zusammen; verläuft sie schräg, so schneidet sie die erste Furche in grösserer Entfernung vom Keimpol als die zweite. Die Annahme, dass das Salamanderei sich in dieser Hinsicht analog verhält, gewinnt eine gewisse Stütze durch das Verhalten der (dritten) Furche $\varkappa-\lambda$ zu den in anderer Weise deduzierten beiden ersten Furchen des vorhin besprochenen Falles (siehe Holzschnitt zu Fig. IX.)

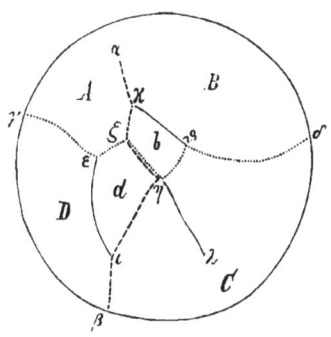

Holzschnitt zu Fig. VIII.

Am schwierigsten erscheint die Deutung der Fig. VII. Die anscheinend centrale (polare) Lage des einzigen kleinen Segmentes könnte möglicherweise den Gedanken an einen Anachronismus im Auftreten der Furchensysteme erwecken, indem etwa die latitudinale Furche (ein „Polarkreis") schon vor den meridionalen Furchen aufgetreten wäre. Jedoch kann ich mir kaum vorstellen, wie eine solche Teilung hier zustande gekommen wäre. Ausserdem bietet die Anordnung der meridionalen Furchen eine bedeutende Übereinstimmung mit der Fig. VIII. Aus diesem Falle geht ferner hervor, dass an den einzelnen Quadranten die dritte Furche nicht immer gleichzeitig auftritt, und endlich lassen die beiden schon besprochenen Fälle (Figg. VIII u. IX) erkennen, wie verschieden die dritte Furche verlaufen kann, und welche bedeutende Verschiebungen der Segmente unter sich in diesem Stadium Platz greifen können. Infolge all' dieser Umstände glaube ich, dass man auch in dem Falle der Fig. VII nicht an einen derartigen Anachronismus oder dergleichen zu denken braucht, sondern dass auch für die Beurteilung dieses Falles nur dieselben Gesichtspunkte in Betracht kommen und auch ausreichend sind, wie in den beiden anderen Fällen. Allerdings muss ich zugeben, dass ich nicht imstande bin, nur nach den äusseren Merkmalen die Einzelheiten des vorliegenden Falles mit voller Sicherheit zu erklären.

Ich vermute aber (vergl. nebenstehenden Holzschnitt zu Fig. VII), dass hier die erste Furche durch die gebrochene Linie $\alpha-\varepsilon-\zeta\cdot\eta-\vartheta-\beta$ vorgestellt wird, während die Linie $\gamma-\lambda-\varkappa-\vartheta-\eta-\zeta-\delta$ die zweite Furche repräsentiert. In diesem Falle sind eine latitudinal $(\lambda-\varepsilon)$ und zwei $(\eta-\nu$ und $\varkappa-\mu)$ meridional verlaufende Furchen dritter Ordnung

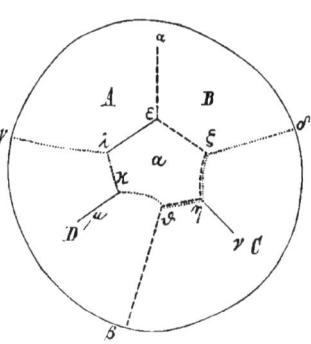

Holzschnitt zu Fig. VII.

vorhanden. Wie im vorigen Falle, fehlt auch hier an einem Segmente, B (oder A) die dritte Furche. Jedenfalls liegt auf der Hand, dass in diesem Falle ebenso wie im vorigen (Fig. VIII) schon in dem einen der beiden ersten Furchungsstadien eine Asymmetrie der einen Meridianfurche im Verhältnis zum Keimpole, bezw. zur anderen Meridianfurche, sich eingestellt hat. Etwas ähnliches hat z. B. Rückert an Selachiereiern beobachtet, indem die erste Furche zuweilen am einen Ende in zwei Schenkel auslief (89, S. 365). Eigentümlicherweise wäre in den beiden zuletzt besprochenen Fällen die erste Furche die asymmetrisch entwickelte.

Zum Zweck der Orientierung über das Verhalten der verschiedenen Dottersubstanzen, der Segmente, Furchen und Kerne im Inneren des Eies in diesem Stadium wurde das Ei der Fig. IX in eine Serie von Vertikalschnitten zerlegt, deren Schnittrichtung durch die unterbrochenen geraden Linien in Fig. IX[1] der Tafeln angegeben ist.

Die feinkörnige Substanz ist von dem grobkörnigen Dotter an vielen Stellen, ja sogar im allgemeinen, scharf abgesetzt. Aber sie bildet nicht mehr eine so einheitliche, regelmässig gestaltete Scheibe wie in den frühesten Stadien, wo sie eine ziemlich glatte Unterfläche hatte und dem grobkörnigen Dotter wie eine flache Kappe auflag (vgl. Figg. III[1] und IV[2]). Jetzt besitzt diese Schicht eine unregelmässig wechselnde Tiefe. An manchen Stellen sieht man auch kleinere oder grössere Portionen feinkörniger Masse an den Furchen entlang in den grobkörnigen Dotter hineindringen. (Fig. IX[3]). Auch dieser sendet hier und da einen Fortsatz in die feinkörnige Schicht hinein. (Figg. IX[4,6]). Die Vorschiebung oder Neubildung von feinkörniger Substanz innerhalb des Gebietes des grobkörnigen Dotters scheint, wenigstens in vielen Fällen, dem weiteren Vordringen der Furchen in die Tiefe vorauszugehen, denn in zahlreichen Schnitten sieht man die Fortsetzung einer plötzlich aufhörenden Furche gegen das Innere des Eies hin durch eine zarte Strasse aus feinkörniger Substanz vorgezeichnet. Die beiden kleinen Segmente bestehen in ihrem oberen Teil aus fein-, im unteren aus grobkörniger Substanz, mit scharfer, wenn auch sehr unebener Grenze zwischen beiden. Die Anordnung der verschiedenen Zonen des grobkörnigen Dotters zeigt gegen früher im allgemeinen keine wesentliche Veränderung. Nur ist das Centrum, innerhalb der aus grossen (15—25 μ) Dotterplättchen bestehenden, lockeren, pericentralen Zone (s. S. 177) noch von einer inneren pericentralen Zone umgeben, deren Elemente kleiner sind (5—10 μ) und noch dichter beisammen liegen, als diejenigen des Centrums selbst (10—15 μ) (Vgl. Figg. IX[4] und IX[5]). (In dem Fig. IX[6] abgebildeten Schnitte ist gerade diese Zone in grösserer Ausdehnung getroffen, das eigentliche Centrum dagegen nicht mehr).

Der untere Teil des Eies bildet eine zusammenhängende, allen Segmenten (ausser d und k) gemeinsame Masse, indem die Furchen in die untere Eihälfte nur wenig tief einschneiden. Die Fortsetzung der Furche $\zeta-\delta$ (vgl. Figg. IX[1], IX[2]) an der unteren Eihälfte betrifft vorläufig nur die alleroberflächlichste Schicht. Tiefer dringt diejenige der Furche $\varepsilon-\beta$ ein. Ebenso schneidet die Fortsetzung der Furche $\eta-\gamma$ weniger tief ein, als die der Furche $o-\alpha$. Hieraus lässt sich vielleicht mit einiger Wahrscheinlichkeit der Schluss ziehen, dass die Furche $\gamma-\delta$ als die zweite, $\alpha-\beta$ als die erste Furche aufzufassen ist (vgl. S. 187). In der oberen Eihälfte, besonders in der Nähe des Keimpoles, sind die Teilungsprodukte schon besser von einander gesondert, jedoch auch hier mit Unterschieden. Die der Furche $\zeta-\delta$ entsprechende Teilungsfläche zeigt sich in den Schnitten derjenigen der Furche $\mu-\nu$ stark entgegengekrümmt. In einer Reihe von Schnitten treffen sich sogar in der Tiefe die beiden Flächen, so dass in dieser Gegend der oberste Teil des Segmentes A allseitig begrenzt erscheint (Fig. IX[3]), als wenn man ein abgeschnürtes kleines Segment vor sich hätte. Das Segment B verschwindet, wie aus Fig. IX[1] ersichtlich ist, schon bei ν von der Oberfläche, sendet aber unter die Furchenstrecke $\varepsilon-\nu$, wo die Segmente A und C aneinander stossen, einen Fortsatz hinein. Dieser gewährt in den Schnitten (Fig. IX[3]) ebenfalls das Bild eines kleinen abgesonderten Segmentes; verfolgt man ihn aber rückwärts durch die vorhergehenden Schnitte, so sieht man ihn direkt in den noch nicht vollständig abgegrenzten Teil des Segmentes B übergehen. Das äusserste (centrale) Ende des genannten Fortsatzes lässt sich nicht ganz genau abgrenzen; es scheint hier in der Tiefe ein Zusammenhang besonders mit den

Segmenten *A* und *C*, vielleicht auch mit der centralen, noch ungeteilten Dottermasse zu bestehen. Die Segmente *A* und *B* stehen mit den kleinen Segmenten *d* und k in keinem Zusammenhang, obwohl *B* in der Tiefe beide berührt. Dagegen scheinen die beiden kleinen Segmente im Bereich der grobkörnigen Substanz in einer gewissen Ausdehnung unter sich zusammenzuhängen, indem in den Schnitten eine zarte Strasse von feinkörniger Substanz, in welche die Furche $\vartheta-\pi$ in der Tiefe sich verliert, mit der gleichen Substanz beider Segmente in Verbindung steht (in Fig. IX[5] angedeutet.) Jedoch ist der Zusammenhang der beiden Segmente nicht ganz deutlich. Es ist nämlich oft schwer oder unmöglich, kategorisch zu entscheiden, ob zwischen zwei Segmenten an einer gewissen Stelle ein Zusammenhang besteht oder nicht. Die Segmente liegen oft sehr dicht aneinander gepresst, und da sie von keiner Membran umgeben sind, können die trennenden Furchen von den Dotterelementen leicht mehr oder weniger verdeckt werden.

An der Stelle, wo die Furche $\varkappa-\lambda$ ihren Ausgangspunkt nimmt (Fig. IX[1]) findet sich etwas unterhalb der Oberfläche eine sehr dünne Brücke aus feinkörniger Substanz, welche das Segment *k* mit *C* oder *E*, oder vielleicht mit beiden, verbindet. Von fraglicher Beschaffenheit ist eine andere Verbindung, die in einigen Schnitten in der Tiefe zwischen *k* und *E* zu bestehen scheint. Zwischen dem Segment *K* und dem einen oder anderen der beiden kleinen Segmente habe ich keinen Zusammenhang feststellen können; indessen ist für die Entscheidung hierüber die Schnittrichtung sehr ungünstig.

Das Segment *d* ist, soweit die feinkörnige Substanz in die Tiefe reicht, vom Segmente *D* überall vollständig getrennt. Auch der grobkörnige Dotter weist an betreffender Stelle grossenteils eine Fortsetzung der Furche $\zeta-o$, oder wenigstens eine diese Fortsetzung andeutende Strasse von feinkörniger Substanz auf. Aber in einer gewissen Ausdehnung, d. h. in einer Reihe

Zur Entwickelungsgeschichte des Erdsalamanders. 193

von Schnitten, besteht ein unmittelbarer Zusammenhang zwischen den grobkörnigen Anteilen von d und D (und zugleich zwischen diesen beiden und der centralen ungeteilten Dottermasse). Die Furche $\zeta-o$ dringt, dieser Strecke entsprechend, nur bis zur Grenze zwischen fein- und grobkörniger Substanz in die Tiefe vor, hört hier, etwas erweitert, plötzlich auf und zeigt zunächst keine Spur einer Fortsetzung in den grobkörnigen Dotter hinein (Fig. IX[5]). Erst weiter unten findet man wieder etwa in der gedachten Verlängerung der Furche eine Lücke, welche zugleich der Verlängerung der die beiden kleinen Segmente trennenden Furche entspricht (s. Fig. IX[4 5]). Dass diese Lücke in der That zur Fortsetzung der betreffenden Furchen in Beziehung steht, bezw. als eine selbständig entstandene Portion derselben aufzufassen ist, geht aus dem Vergleich mit anderen Schnitten hervor, wo die Lücke durch feinkörnige Strassen mit den oberen Portionen der beiden Furchen verbunden ist. Die Lücke stellt zugleich einen Urkomponenten der Furchungshöhle dar (s. nächstes Stück).

Unter den beiden Scheitelsegmenten, sowie schon unter der Stelle ($\varepsilon-\nu$), wo die Segmente A und C aneinander stossen (Fig. IX[1]), befinden sich in der (gedachten) Verlängerung der Furchen kleine unregelmässige Hohlraumbildungen, die kaum noch alle untereinander in Verbindung stehen: bescheidene Anfänge der Furchungshöhle. Diese befinden sich grösstenteils im Bereich des grobkörnigen Dotters, so dass Teile von diesem noch den kleinen Segmenten angehören (vgl. S. 190 und Figg. IX[4], IX[5]).

In keinem Segment ist der Kern noch vollständig geteilt, sondern er befindet sich überall in einem Teilungsstadium, und zwar überall annähernd in demselben, indem entweder die Mutterchromatinschleifen den Äquator der Spindel einnehmen, oder die Tochterschleifen bereits ein wenig gegen die Spindelpole gerückt sind. Die Stellung der Kernspindel in den einzelnen Segmenten anlangend, steht dieselbe in A und in B etwa meridional, der eine Pol peripher und nach unten gerichtet, so dass an diesen Segmenten demnächst eine Abschnürung von kleineren Scheitelsegmenten durch Latitudinalfurchen bevorgestanden hätte. Ziemlich ähnlich ist in C und in E die Stellung der Spindel. In K liegt diese horizontal (der Keimpol des Eies nach oben gedacht), etwa parallel der Schnittrichtung (Fig. IX[6]), in D dagegen fast senkrecht zur Schnittrichtung. In den beiden letzten Fällen hätte also die nächste Furche einen meridionalen Verlauf genommen. In den beiden kleinen Segmenten k und d liegen die Kernspindeln annähernd horizontal, etwa senkrecht zur Schnittrichtung.

Die Untersuchung der Schnitte ergiebt nach dem obigen, in Bezug auf die Zusammengehörigkeit der kleinen Segmente mit diesen oder jenen grossen, als Hauptbefund den Zusammenhang zwischen den Segmenten d und D. Die übrigen erwähnten Verbindungen sind entweder nicht ganz sicher festgestellt, oder sie sind im Vergleich mit der breiten und starken Verbindung der genannten Segmente sehr unbedeutend. Der dünne Verbindungsstrang zwischen k einerseits und C und E andererseits (S. 192 und Fig. IX[4]) ist vielleicht nur eine zufällig stehen gebliebene Brücke. Wenn sie ein Zeichen der Zusammengehörigkeit der betreffenden Segmente wäre, so würde die Furche $\varkappa - \lambda$ vierter Ordnung sein, während das Segment K noch keine Furche dritter Ordnung aufzuweisen hätte. Und in den Segmenten C und E würden dann die Vorbereitungen zur fünften Kernteilung ebensoweit gediehen sein, wie im Segment K zur dritten. Diese Einwände zu beseitigen scheint mir die erwähnte ungemein dünne Verbindungsbrücke kaum ansehnlich genug zu sein. Andererseits lässt schon eine flüchtige Betrachtung der ganzen Konfiguration der betreffenden Schnitte (Fig. IX[1] und IX[5]) im Segmente d ein von D abgeschnürtes Segment vermuten. Ich glaube daher, auch nach Berücksichtigung der inneren Verhältnisse die Auffassung aufrecht erhalten zu dürfen, dass das Segment d zu D und k zu K gehört. Die Furchen $\zeta-o$ und $\eta-\vartheta$ sind demnach latitudinal, die Furchen $\nu-\mu$ und $\varkappa-\lambda$ meridional verlaufende Furchen dritter Ordnung. In jedem Segment wird die vierte Teilung schon vorbereitet, und zwar in der Weise, dass an den Segmenten, wo die dritte Furche eine Latitudinalfurche war, demnächst eine Meridianfurche zustande gekommen wäre, und umgekehrt.

Ich habe mich bei diesem Stadium etwas lange aufgehalten, teils weil die Deutung der mir vorliegenden Furchenbilder aus demselben einige Schwierigkeiten bereitete, teils aber und hauptsächlich, weil mir in demselben einige Eigentümlichkeiten der Furchung des Salamandereies zuerst entgegentraten, nämlich, was die äusseren Furchungserscheinungen betrifft, die wechselnde („unschematische") Verlaufsrichtung gewisser Furchen, und bezüglich der inneren Erscheinungen besonders die langsame Teilung der unteren Eihälfte. Da ferner hier die ersten Spuren einer Furchungshöhle erscheinen und sich zum ersten Male der Gegensatz zwischen kleinen oberen und grossen unteren Segmenten etabliert, so bietet dieses Stadium gewissermassen den Schlüssel dar zum Verständnis der späteren, an sich noch schwierigeren Stadien, sowie namentlich des Verhaltens der Kerne in diesen. Da aber die Einzelheiten der äusseren Furchenbilder an sich von verhältnismässig untergeordneter Bedeutung sind, werde ich bei den folgenden Stadien darauf verzichten, auf die Feststellung der einzelnen Furchensysteme u. s. w. Zeit und Platz zu verschwenden.

Viertes Furchungsstadium. (Vgl. Fig. X u. XI.)

Das nächstfolgende von mir beobachtete Stadium schliesst sich dem eben besprochenen beinahe, wenn auch nicht vollkommen unmittelbar an. Man braucht, um es von diesem abzuleiten, nur anzunehmen, dass die hier durch die Kerne angedeuteten Teilungen erfolgt sind, und dass sich dann ein paar Segmente noch einmal geteilt haben. Ich habe von dem zu besprechenden Stadium nur zwei Fälle gesehen (Figg. X und XI). Der eine weist an der oberen Eihälfte zehn kleinere, unter sich aber recht verschieden grosse Segmente auf, deren Anordnung sehr unregelmässig erscheint (Fig. X¹). An der unteren Seite (Fig. X²) sieht man zwei sich kreuzende Furchen, die am Gegenpol eine Brechungslinie aufweisen. In dem zweiten Falle (Fig. XI) sind oben eilf kleinere Segmente in ziemlich regelmässiger Anordnung um den Keimpol herum gelagert; ein zwölftes zeigt sich noch in Abschnürung begriffen. Den Äquator überschreiten sechs Meridianfurchen, von welchen eine bald danach aufhört, während die fünf übrigen die Gegend des Gegenpoles erreichen und dort in verschiedener Weise und unter Ausbildung mehrerer Brechungslinien zusammentreffen. Die beiden Eier wurden wieder in Vertikalschnittserien zerlegt (Schnittrichtung in den resp. Figuren angegeben).

Die Furchungshöhle zeigt in dem Ei der Fig. X ein ähnliches Verhalten wie im vorigen Stadium, indem man verschiedene kleinere, unter sich in fraglichem Zusammenhange stehende Hohlraumbildungen antrifft (vgl. Figg. X³ und X⁴). Einige Schnitte, welche gerade die Gegend des Keimpoles betreffen, gewähren jedoch das Bild einer mehr einheitlichen Furchungshöhle, deren Dach von den kleineren Segmenten gebildet wird, während der Boden von den centralen Teilen der grossen unteren Segmente, zum Teil auch von unregelmässigen mit verschiedenen Segmenten zusammenhängenden Fortsatzbildungen dargestellt wird.

Die an der Unterseite des Eies (Fig. X²) sichtbaren Meridianfurchen haben das Innere des Eies noch nicht vollständig geteilt. Am weitesten gediehen erscheint dortselbst die Furche α—β. Nur in einer verhältnismässig geringen Ausdehnung fehlt unterhalb des Centrums des Eies jede Andeutung einer Verbindung zwischen dem im oberen Teil des Eies befindlichen Abschnitt der Furche und dem an der unteren Eihälfte äusserlich sichtbaren Teil derselben (vgl. Fig. X³). Weniger tief dringt von unten her die Furche γ—δ ein. Im übrigen sieht man die Furchen im Inneren des Eies, d. h. in den Schnitten, vielfach nicht gerade verlaufen, sondern verschiedene Biegungen und Knickungen machen, so dass in vielen Schnitten ein recht kompliziertes Bild zustande kommt. Zu dieser Komplikation tragen die oben erwähnten Fortsatzbildungen bei, welche die Furchungshöhle begrenzen, bezw. in dieselbe hineinragen.

Im Zusammenhang mit den Furchen mag ein auffallender Befund am Segmente *e* erwähnt werden. Am unteren Umfange des genannten Segmentes findet sich nämlich in einer gewissen Ausdehnung der Anfang einer dieses Segment teilenden, zur Schnittrichtung senkrechten Furche (Fig. X³), obwohl der Kern des Segmentes noch nicht geteilt ist, sondern sich überhaupt noch im „Ruhestadium" befindet. Bei Vollendung der Furche wäre dem Anschein nach das betreffende Segment in ein centrales, von der Oberfläche abgedrängtes, und ein peripheres, oberflächliches geteilt worden.

Die Kerne dieses Eies befinden sich teils, namentlich in den oberen kleineren Segmenten, im „Ruhestadium", teils haben sie die mitotische Teilung schon eingeleitet. In einigen sind innerhalb der noch vorhandenen Membran die Chromosomen bereits ausgebildet oder eben in Differenzierung begriffen und bilden mit dem ganzen erkennbaren Kerngerüst zusammen einen äusserst lockeren Knäuel. In einem Falle (Segment *d*) zeigen diese noch im Werden begriffenen Chromosomen innerhalb der Kernmembran eine deutliche bipolare Anordnung. Diese entspricht durchaus den ausserhalb der Membran durch die Polstrahlungen bereits angedeuteten Polen. Alle Kerne, die mit einer Membran versehen sind, besitzen eine reichliche helle Grundsubstanz (Kernplasma, Karyohyaloplasma), während das erkennbare Gerüst wenig voluminös ist. In dieser Hinsicht besteht zwischen den

Kernen der oberen kleineren und der unteren grösseren Segmente kein erheblicher Unterschied. Diese Kerne erscheinen teilweise etwas geschrumpft, indessen sind ihre Dimensionen recht bedeutend, indem ihr grösster Durchmesser 44 bis 72 μ beträgt. Die Lage der Kerne, bezw. die Stellung der resp. Kernspindeln betreffend, ist zunächst zu bemerken, dass die vier unteren Segmente in ihren obersten Teilen je einen, sonst aber keine (s. nächstes Stück und S. 222) Kerne aufzuweisen haben. Im Segmente *d* wird, nach den schon aufgetretenen Polstrahlungen zu urteilen, eine annähernd vertikale Spindel vorbereitet, deren oberer Pol zugleich etwas centralwärts neigt (über die Anordnung der Kernsubstanz selbst s. oben). Nach der Lage des Kernes würde durch die betreffende Teilung wahrscheinlich der zwischen den Segmenten *c* und *e* gegen *r* gerichtete Fortsatz des Segmentes *d* abgeschnürt werden. Im Segmente *o* hat die schon ziemlich ausgebildete Kernspindel ihre Lage unter dem Segment *m*; ihr einer Pol ist centralwärts und zugleich schwach nach oben gerichtet. In *u* ist der Kern weit centralwärts und nach oben gerückt in einen jener „in die Furchungshöhle hineinragenden" Fortsätze. Seine Membran ist eben im Schwinden begriffen, nur noch teilweise erkennbar. Dasselbe ist im Segment *r* der Fall. Hier ist die Stellung der werdenden Spindel durch Centrosomen und Polstrahlungen markiert, der eine Pol centralwärts und nach unten gerichtet.

Ausser diesen unzweifelhaften Kernen, welche in derselben Anzahl sich vorfinden, wie die mehr oder weniger vollständig von einander getrennten Segmente, und welche alle, wenigstens in Bezug auf ihre Dimensionen, unter sich einigermassen übereinstimmen, sind in diesem Ei noch einige kernartige Gebilde vorhanden, auf die ich später zurückkommen werde (S. 222).

Das Ei, welchem Fig. XI entnommen wurde, bietet eine schon ziemlich einheitliche Furchungshöhle dar. Freilich ist sie noch sehr niedrig, grösstenteils spaltförmig, und unregelmässig gestaltet (Figg. XI³—XI⁵). In die Furchungshöhle ragen auch hier, teilweise ihren Boden bildend, unregelmässig gestaltete Fortsätze der unteren Segmente hinein. Diese Fortsätze zeigen sich, wenn man sie durch die Serie verfolgt, teilweise in Abschnürung von den betreffenden Muttersegmenten begriffen. Ausser diesen, regelrecht mit je einem Kern versehenen Fortsatzbildungen sieht man in der Furchungshöhle eine Anzahl viel kleinerer, abgerundeter, schon abgeschnürter oder ebenfalls in Abschnürung begriffener Gebilde, welche entweder aus feinoder aus grobkörniger Dottersubstanz bestehen, und in denen sich keine Spur eines Kernes oder kernartigen Gebildes auffinden lässt (s. Figg. XI³ u. XI⁴). Diese Gebilde erinnern ein wenig an die von Sarasin (83, S. 198 u. a.) für das Eidechsenei beschriebenen Knospenbildungen, von welchen Sarasin sagt, dass sie oft schon von vornherein die Kleinheit der späteren Keimblätterelemente besitzen. Jedoch erscheint mir die Zusammengehörigkeit der beiderlei Gebilde sehr fraglich, weil Sarasin in den seinigen zum Teil Kerne beobachtete und damit ihre Zellennatur feststellen konnte.

Der centrale Teil der unteren Eihälfte ist auch hier noch nicht geteilt, sondern stellt eine allen unteren Segmenten gemeinsame Masse dar. Die an der unteren Eihälfte äusserlich sichtbaren Furchen betreffen, besonders in der Gegend des Gegenpoles, grossenteils nur die oberflächlichste Schicht des Dotters. Teils in den schon durch Furchen getrennten peripheren Bezirken, teils in jener ungeteilten centralen Dottermasse findet man eine Anzahl Kerne, welche paarweise, d. h. je zwei in einiger Entfernung von einander liegen und dadurch eine kurz vorher stattgefundene Teilung bekunden (Figg. XI³, XI⁵). Diese Kerne der unteren Segmente befinden sich alle im obersten Teile des grobkörnigen Dottergebietes, unweit der Furchungshöhle. Die meisten sind zunächst von einem hellen Hofe, d. h. von einer kleinen Partie feinkörniger oder scheinbar homogener

Substanz umgeben; einige liegen indessen unmittelbar in die grobkörnige Substanz eingebettet. In den kleinen oberen Segmenten sieht man an mehreren Stellen die auseinandergewichenen Produkte der letzten Kernteilung, selbst wenn sie bereits verschiedenen Segmenten angehören und zwischen ihnen also schon eine Furche durchzieht, durch eine Strasse aus solcher sehr feinen Substanz verbunden, welche den von den Tochterkernen zurückgelegten Weg aufs deutlichste nachzeichnet. Dasselbe ist, wie in Fig. XI[4] angedeutet, auch im Segmente p der Fall.

Sämtliche Kerne stellen bläschenförmige Gebilde dar, welche meistens schwach geschrumpft erscheinen, und besitzen ungefähr die gleiche Struktur: innerhalb einer zarten Membran findet sich eine verhältnismässig reichliche helle Grundsubstanz und ein lichtes Kerngerüst mit mehr oder weniger zahlreichen, besonders wandständigen, winzigen Verdickungen, aber ohne deutlich unterscheidbare Kernkörperchen. Der grösste Durchmesser beträgt 31 bis 50, meistens jedoch unter 40 μ. Abgesehen von kleineren, etwa durch Schrumpfung bedingten Unebenheiten ihrer Oberfläche und Unregelmässigkeiten ihrer Gestalt, bieten einige dieser Kerne ein eigentümliches grosshöckeriges oder knolliges Aussehen dar; dabei zeigen die einzelnen Knollen eine im ganzen wohl abgerundete Gestalt und glatte Oberfläche. Jeder enthält einen Teil des Kerngerüstes; im übrigen stimmt die Struktur dieser Kerne mit der vorhin erwähnten vollständig überein.

Innerhalb einiger der erwähnten paarweise liegenden hellen Höfe findet man keinen einfachen bläschenförmigen Kern, sondern mehrere (bis zu 5) anscheinend vollständig von einander getrennte Bläschen, welche eng an einander liegen, und zwar in räumlich verschiedenen Richtungen, weshalb natürlich nicht alle in einem und demselben Schnitt zu sehen sind. Die in einer Gruppe zusammenliegenden Bläschen sind von verschiedener Grösse, 18—30 μ im längsten Durchmesser; ihr Aussehen und ihre Struktur stimmen mit dem oben bezüglich der unkomplizierten Kerne gesagten überein. Über die Bedeutung dieser Kerne s. S. 224—227.

Die Anordnung der verschiedenen Elemente des grobkörnigen Dotters zeigt in diesem Stadium eine grosse Übereinstimmung mit dem vorhergehenden.

Ein Vergleich der beiden besprochenen Fälle des vorliegenden Stadiums ergiebt, dass in dem letzteren (Fig. XI) die Furchung äusserlich etwas weiter gediehen ist als in dem ersteren (Fig. X). Dasselbe gilt bezüglich des Kernteilungsprozesses im Bereich des grobkörnigen Dotters. In dem ersten Falle (Fig. X) sind dort nur vier Kerne vorhanden, d. h. einer entsprechend jedem durch die Meridianfurchen angedeuteten Segmente („Makromer"). In dem zweiten Falle finden sich dortselbst nicht weniger als neun Paare (s. oben S. 199) von Kernen[1]). Sechs Meridiansegmente sind durch die äusserlichen Furchen angedeutet, es bleiben also für die noch ungeteilte Dotterpartie im Inneren des Eies drei Paare übrig. Dieser Fall stellt also, streng genommen, ein etwas vorgerückteres Stadium vor, als der andere. Trotzdem ist im Inneren des grobkörnigen Dotters der Furchungsprozess selbst im umgekehrten Sinne vorgeschritten, indem das Ei der Fig. XI dort eine nicht nur absolut (dieses Ei gehört einem grossen, das andere einem sehr kleinen „Typus" an, vergl. die Figuren), sondern auch relativ grössere ungefurchte Dottermasse aufweist, als das andere. Nach diesen Fällen scheint also bei der Ausbildung der grösseren Typen der Salamandereier dem grobkörnigen Dotter die Hauptrolle zuzukommen.

Was die, wenigstens zum Teil noch durch keine Furchen getrennten Kerne[1]) unterhalb der Furchungshöhle des in Fig. XI

---

[1]) Ich betrachte in diesem Zusammenhang jede der erwähnten Bläschengruppen (s. vor. S.) als einen einfachen Kern.

abgebildeten Eies betrifft, wird man die Erklärung derselben teils in diesem Ei selbst, teils in dem der Fig. X finden. In diesem findet sich unterhalb der Furchungshöhle, wie schon hervorgehoben, nur je ein Kern für jedes durch die Meridianfurchen angedeutete Segment. Wie ebenfalls schon erwähnt, nimmt im Segmente *o* die in Ausbildung begriffene Kernspindel eine derartige Stellung ein, dass beim Auseinanderrücken der Tochterkerne der eine sich in den centralwärts und nach oben vorspringenden Winkel des Segmentes begeben hätte (Fig. X^4); im Segmente *r* wäre der eine Tochterkern anscheinend centralwärts und nach unten gerückt. In *u* ist der ganze Kern in einen centralwärts und nach oben ragenden Fortsatz hineingerückt, oder der dort befindliche Kern ist wenigstens ein Teilungsprodukt des Kernes von *u*.

In dem Ei der Fig. XI sieht man in dem Segm. *p* die erst wenig auseinandergerückten Tochterkerne derart gelagert, dass der eine im Begriff ist, rein centralwärts abzuziehen. Im Segm. *i* trifft man zwei schräg über einander gelegene Kerne, von denen der untere zugleich centralwärts liegt. Eine ähnliche, nur weiter vorgeschrittene Centralwärtswanderung des einen Tochterkerns lässt sich im Segmente *z* erkennen. Es kann, nach dem obigen, wohl keinem Zweifel unterliegen, dass die übrigen der betreffenden Kerne (in dem Falle der Fig. XI) gleichfalls aus Teilungen der Kerne der unteren Segmente hervorgegangen sind, welche Kerne ursprünglich, jedem Segment entsprechend, in der Einzahl vorhanden waren, wie es in dem Ei der Fig. X noch der Fall ist.

Fünftes Furchungsstadium.

Fig. XII repräsentiert ein Stadium, welches sich dem eben besprochenen fast unmittelbar anreiht. Ich habe von diesem Stadium nur dieses eine Ei, und zwar erst in gehärtetem Zustande, gesehen. Oben (Fig. XII^1) befinden sich zwanzig kleinere, äusserlich vollständig umschriebene Segmente, ausserdem sind da noch ein paar weniger stark markierte Furchen vorhanden (zwischen *a* und *aa*, zwischen *e* und *ee*). Nach aussen von jenen Segmenten liegen noch vier bedeutend grössere, äusserlich ebenfalls vollständig umgrenzte Segmente (*d*, *u*, *n*, *b*), welche sich nach unten etwa an oder etwas über den Äquator des Eies hinaus erstrecken. Unten (Fig. XII²) sieht man vier oder fünf Meridionalfurchen die Gegend des Gegenpoles erreichen. Diese Gegend war von einem fest haftenden Gerinnsel oder Belag bedeckt, so dass ihre Konfiguration nicht ganz genau ermittelt werden konnte.

Vertikalschnitte durch dieses Ei (Schnittrichtung und Lage der abgebildeten Schnitte sind in Fig. XII¹ angegeben) ergeben hauptsächlich folgendes:

Im oberen Teil des Eies befindet sich eine noch sehr niedrige, aber einheitliche und regelmässig gestaltete Furchungsoder Baersche Höhle, deren Dach, von den kleinsten, in der Umgebung des Keimpoles befindlichen Segmenten gebildet, noch von verhältnismässig bedeutender Dicke ist, indem die Höhe der Furchungshöhle in keinem Schnitt der Dicke des Daches gleichkommt, in den meisten Schnitten vielmehr bedeutend hinter derselben zurückbleibt. Unter die grösseren Segmente, wie *i*, *t*, *u* erstrecken sich vorläufig nur spaltförmige Fortsätze (die periphersten Abschnitte) der Furchungshöhle. Der Boden der letzteren wird im centralen Bezirke immer noch von einer ungeteilten Dottermasse dargestellt. Weiter peripheriewärts treten teils die meridionalen Furchen, teils diejenigen Furchen auf, welche die oben erwähnten Äquatorialsegmente nach innen begrenzen. Diese Segmente sind übrigens nicht überall von der centralen Dottermasse deutlich abgegrenzt; an mehreren Stellen besteht vielmehr ein deutlicher Zusammenhang, so zwischen dem centralen Teil von *a* und der centralen Dottermasse (Fig. XII⁷). Ähnlich verhalten sich auch die Segmente *n* und *d* (Fig. XII⁵).

Bezüglich der Kerne ist für dieses Ei zunächst zu bemerken, dass die beim vorigen Stadium erwähnten knolligen, bezw. die in Gruppen beisammen liegenden Kerne hier nirgends zu sehen sind. Ueberhaupt finden sich hier keine im „Ruhestadium" befindlichen Kerne, vielmehr stimmen diese alle darin überein, dass sie sich überall in irgend einem Stadium der mitotischen Teilung befinden, und zwar findet man in den kleinen oberen Zellen fast durchgehends das Stadium der beiden Tochtersterne, im Bereich des grobkörnigen Dotters vorzugsweise das Äquatorialplattenstadium. Da die Kerne von keiner Membran umgeben sind, lassen sich ihre relativen Dimensionsverhältnisse schwer bestimmen; die Kernspindeln zeigen in dieser Hinsicht keine wesentlichen oder auffallenden Unterschiede. Die Kerne der kleinen oberen Zellen bieten im allgemeinen nichts bemerkenswertes dar. Die Stellung der Kernspindel ist in der Mehrzahl derselben horizontal, d. h. parallel der freien Oberfläche der Zelle, nur im Segmente *r* steht die Spindel genau vertikal (senkrecht zur freien Oberfläche). In der Regel findet man in jedem Segment (oder entsprechend dem Zwischenraum zwischen je zwei Furchen) einen etwa central gelegenen Kern. Indessen besitzen die Segmente *a* und *aa*, welche äusserlich durch eine seichte Furche von einander getrennt sind, noch einen gemeinsamen Kern, der sich allerdings zur Teilung anschickt. Ebenso verhalten sich die Segmente *e* und *ee*. Im Innern zeigen die betreffenden Segmente natürlich noch keine Spuren einer Trennung.

Grösseres Interesse knüpft sich an das Verhalten der Kerne der Äquatorialsegmente sowie überhaupt des grobkörnigen Dotters. Entsprechend den Furchen, welche äusserlich die Äquatorialsegmente unten begrenzen (vgl. Figg. XII[3,4]), würde man erwarten, nun auch unterhalb dieser Furchen, also entschieden im unteren Teil des Eies, Kerne zu finden, d. h. die unteren Tochterkerne von derjenigen Kernteilung, welche dem

Auftreten der betreffenden Furchen vorausging. In der That liegen indessen etwas modifizierte Verhältnisse vor. Im Segmente *d* findet man im oberen Teil, und zwar verhältnismässig weit centralwärts, den Kern (Fig. XII[5]). Auf Fig. XII[1] bezogen, liegt er in der Tiefe, unterhalb des Segmentes *r*. Fast gerade centralwärts von ihm befinden sich in der centralen Dottermasse, unterhalb der Furchungshöhle, zwei Kerne. Der mehr peripher gelegene von diesen liegt dem Kern des Segmentes *d* ziemlich nahe. Zwischen den beiden letztgenannten Kernen ist das genannte Segment nicht gegen die centrale Dottermasse abgegrenzt. Der Verlauf der die beiden Bezirke trennenden Furche ist aber angedeutet, indem die Furchungshöhle rechts einen spaltförmigen, gegen den Zwischenraum der beiden Kerne gerichteten Fortsatz entsendet, während am rechten Umfang des Schnittes die äusserliche Furche, welche das Segment (*d*) unten begrenzt, als Einkerbung sichtbar ist. Von dieser Einkerbung zieht eine Strasse feinkörniger Substanz eine Strecke weit im Bogen nach innen und aufwärts gegen jenen Fortsatz der Furchungshöhle, erreicht denselben indessen nicht, sondern verstreicht allmählich. Der Vergleich mit weiter vorwärts, bezw. rückwärts in der Serie gelegenen Schnitten bestätigt durchaus den so angedeuteten Verlauf der betreffenden Teilungsfläche. Während hier also diejenige Kernteilung, welcher die das Segment *d* unten begrenzende Furche entspricht, schon vollzogen ist, findet man bezüglich der Segmente *u* und *u* andere Verhältnisse. Diese beiden Segmente sind, wie schon erwähnt, von der centralen Dottermasse ebenfalls nur teilweise abgesondert. An den Stellen, wo man im Innern der Schnitte die betreffenden trennenden Furchen erwarten möchte, findet man nun, jedem der beiden Segmente entsprechend, eine Kernspindel, welche so gerichtet ist, dass der eine Pol centralwärts, der andere peripheriewärts sicht. Die Kernteilungen werden also erst vorbereitet, dennoch aber sind die entsprechenden äusserlichen Furchen schon sichtbar. Die Äquatorialsegmente stellen relativ dünne oberflächliche Abspaltungsderivate der im vorhergehenden Stadium vorhandenen grossen unteren Segmente dar. Bei der entsprechenden (vorausgehenden) Kernteilung zieht, wie aus dem obigen und aus den abgebildeten Schnitten hervorgeht, der eine Tochterkern nicht etwa nach unten, sondern beinahe in der Horizontalebene (die Eiachse senkrecht gedacht) centralwärts. Die übrigbleibenden Teile jener grossen unteren Segmente haben demnach ihre Kerne immer noch in ihren obersten Abschnitten, unweit der Furchungshöhle. Diese Abschnitte bilden eben zusammen jene centrale Dottermasse, welche noch teilweise von dem Furchungsprozess unbetroffen ist. Dem Verlauf der Kernteilung entsprechend stehen die Furchen, d. h. die Teilungsflächen, welche die Äquatorialsegmente innen und unten begrenzen, nicht etwa senkrecht zu den bez. Stellen der Oberfläche des Eies, wo die äusserlichen Furchen verlaufen, sondern sind von hier in spitzem Winkel schräg nach innen und oben gerichtet, um den Randbezirk der Furchungshöhle zu erreichen. Dasselbe gilt in geringerem Masse auch schon für die grösseren, relativ randständigen Dachzellen der Furchungshöhle, wie l, i, e und ee u. s. w., vgl. Figg. XII[5-7]. Daraus resultiert in den Schnitten eine charakteristische, dachziegel- oder fischschuppenähnliche Anordnung derjenigen Segmente, welche die Seitenteile der oberen Eihälfte einnehmen.

Es erübrigt noch, mit einigen Worten die Verteilung der verschiedenartigen Dottersubstanzen in diesem Stadium zu berühren. Die kleinsten, in der Nähe des Keimpoles befindlichen Segmente zeigen bei schwächerer Vergrösserung (Hartnack 4) durchweg eine feinkörnige Beschaffenheit, nur hier und da sieht man, besonders in den unteren Teilen dieser Segmente, einige kleinere bis mittelgrosse Dotterplättchen eingestreut. Die grösseren Dachzellen der Furchungshöhle zeigen diese mittelgrossen Dotterelemente schon in reichlicher Menge und bilden so den Übergang zu den Äquatorialzellen, welche ganz aus solchen

Elementen bestehen. Diese haben hier, vielleicht infolge einer nahe der Oberfläche des Eies intensiveren Einwirkung der Fixierungsflüssigkeit, wenig Farbstoff angenommen. Nur eine sehr dünne, oberflächliche Zone der Äquatorialsegmente besteht aus feinkörniger Substanz. Solche findet sich denn auch an den diese Segmente centralwärts begrenzenden Furchen vor. Der Boden der Furchungshöhle wird von ähnlicher Dottersubstanz wie die Äquatorialsegmente, mit kleineren bis mittelgrossen Plättchen gebildet, in welcher die Kerne unmittelbar oder von minimalen Mengen anscheinend homogener Substanz umgeben, eingestreut liegen. Nur an einigen Stellen sieht man der Furchungshöhle am nächsten einen Saum von einer blassen feinkörnigen Substanz, ähnlich derjenigen, welche die Hauptmasse der kleinen Dachzellen bildet. Die Dotterplättchen dieser Gegend sind vom Karmin lebhaft gefärbt. Nach unten geht diese Dotterpartie allmählich in die unteren immer grobkörniger werdenden Partien über, deren Plättchen ebenfalls lebhaft gefärbt sind, mit Ausnahme der oberflächlichsten Zone, die überall blasser ist.

Gemeinsam für dieses und das nächstvorhergehende Stadium ist, dass die centrale Dottermasse von den meridionalen Furchen, wie von dem Furchungsprozess überhaupt, noch in beträchtlicher Ausdehnung unberührt geblieben ist, obwohl äusserlich schon mehrere Furchen den Gegenpol erreicht haben. Mit dem nächstvorhergehenden Stadium hat dieses auch das Vorkommen von Kernen in jener centralen Dottermasse gemeinsam. Ebenso liegen alle Kerne, auch die der centralen Dottermasse, wenn auch unterhalb der Furchungshöhle, so doch eigentlich noch im obersten Teile des Eies, während in den unteren Partien keine Kerne zu finden sind, obwohl in diesem Stadium weiter unten neue Latitudinalfurchen aufgetreten sind, welche eigentlich das Vorkommen von Kernen auch im unteren Teil des Eies vermuten liessen.

Die späteren Furchungsstadien lassen sich unschwer auf die bisher beschriebenen und vor allem auf das zuletzt besprochene zurückführen und können daher kurz behandelt werden.

Sechstes Furchungsstadium.

Das nächstfolgende mir vorliegende Stadium (Fig. XIII) schliesst sich dem vorhin besprochenen nicht ganz unmittelbar an. Die obere Seite des Eies weist schon eine bedeutende Zahl kleinerer Segmente auf, ebenso die Äquatorialzone. Von der unteren Seite ist keine Zeichnung vorhanden, auch habe ich das Ei nicht in toto gesehen. Dasselbe war vielmehr bereits in eine Vertikalschnittserie zerlegt, welche mir, mit den beiden Oberflächenbildern, die, vor der Mikrotomierung, mit dem Prisma genommen worden waren, von Herrn Prof. Froriep in zuvorkommendster Weise zur Verfügung gestellt wurde.

Die Schnitte zeigen zunächst eine gegen früher schon etwas ausgedehntere Furchungshöhle, deren Dach in der Mitte, entsprechend dem Keimpole, bedeutend verdünnt ist (Fig XIII[3]). Der unterhalb der Furchungshöhle gelegene Teil des Eies ist zwar von dem Furchungsprozess nicht mehr unberührt geblieben; indessen hat dieser dort immer noch erst verhältnismässig geringe Fortschritte gemacht. Am Boden der Furchungshöhle findet man einige rundliche Gebilde, die eben im Begriffe sind, sich als Scheitelsegmente von grossen unteren und inneren Segmenten abzuschnüren, welche letztere sich von hier aus bis an die untere Fläche des Eies erstrecken. Obwohl die entsprechende Kernteilung noch nicht vollendet ist, sieht man teilweise die Abschnürung des Scheitelsegments schon recht weit vorgeschritten (Fig. XIII[4]). Auf ähnliche Vorgänge, d. h. das Auftreten der Furche vor der Vollendung, ja schon vor oder gleichzeitig mit dem Beginn der entsprechenden Kernteilung, habe ich schon wiederholt Gelegenheit gehabt, hinzuweisen (S. 197, 204, 205).

Im übrigen bieten die Schnitte dieses Eies Verhältnisse dar, welche denjenigen des zuletzt besprochenen recht ähnlich sind. Das gilt z. B. bezüglich der Verteilung der Dotterelemente. Die Kerne befinden sich auch hier nicht im Ruhestadium, weshalb sich ihre relativen Dimensionen schwer angeben lassen. Ferner befinden sich auch die unterhalb der Furchungshöhle liegenden Kerne noch sämtlich im oberen Teil des Eies, unweit jener.

Letzte Furchungsstadien.

In noch vorgerückteren Stadien befällt die Teilung allmählich immer mehr auch den unteren Teil des Eies. Fig. XIV[2] zeigt die untere Seite eines Salamandereies in einem späteren Furchungsstadium, wo unter dem Embryographen bei zehnfacher Vergrösserung die um den Gegenpol herum befindlichen Furchen gut erkennbar waren, während an der oberen Seite des Eies, bei dieser Vergrösserung, nur von vereinzelten Zellen die Umrisse noch deutlich genug waren, um unter dem Embryographen eingetragen werden zu können (vgl. Fig. XIV[1] und Fig. XIV[3], welche letztere einen Vertikalschnitt durch dieses Ei vorstellt).

Im Gegensatz zu den früheren Stadien zeigt sich in diesem auch der untere Teil des Eies zerklüftet. Die dem Gegenpol am nächsten liegenden Segmente sind noch verhältnismässig gross (Figg. XIV[2]) und bestehen hauptsächlich aus grossen Dotterelementen; weiter oben gegen die Furchungshöhle werden die Zellen allmählich kleiner, enthalten aber immer noch vorzugsweise grosse bis mittelgrosse Dotterplättchen. Diese zeigen aber vielfach, namentlich im centralen Gebiete des Eies, Unregelmässigkeiten der Gestalt und sind von reichlicheren Mengen feinkörniger Masse umgeben, als in den früheren Stadien. Viele haben auch ihr früher homogenes Aussehen eingebüsst und sehen jetzt körnig aus. Aus diesen Gründen nehme ich an, dass in diesem Stadium ein Zerfliessen oder eine Einschmelzung grösserer Dotterelemente sich vollzieht. Teilweise sehen auch die Konturen der centralen Segmente selbst wie angefressen aus, was möglicherweise auf einen allmählich erfolgenden Zerfall (Verdauung?) gewisser Furchungselemente selbst hindeutet. Die noch intakten grösseren Dotterelemente sind vom Karmin lebhaft gefärbt. Da die Zellen keine Membran besitzen, treten die Dotterelemente überall frei an die Oberfläche derselben und verdecken an vielen Stellen in den Schnitten die Furchen im Innern des Eies. Nur im Centrum des Eies sind die Zwischenräume deutlich und häufig sogar auffallend gross[1]), welcher Umstand vielleicht im gleichen Sinne zu beurteilen wäre, wie die gerade in dieser Gegend vorkommenden zerfressenen Konturen und reichliche feinkörnige Substanz der Zellen, d. h. als Zeichen eines Zerfalls, sei es nun nur der Dotterelemente innerhalb der Zellen oder wahrscheinlicher auch der Zellen selbst. Die auf den ersten Blick sich aufdrängende Deutung dieser centralen Zellinterstitien als Kunstprodukte (Schrumpfungsspalten) verliert an Wahrscheinlichkeit dadurch, dass an der betr. Stelle sich in späteren Stadien in konstanter Weise ein Spaltraum vorfindet, über welchen bei den späteren Besprechungen zu handeln sein wird.

Das Dach der Furchungshöhle endlich ist aus recht kleinen Zellen (immerhin habe ich hier grösste Durchmesser von 0,10 bis 0,16 mm gemessen) zusammengesetzt, welche eine allerdings zum Teil dünne, aber nirgends mehr einschichtige Zellwand bilden. Natürlich lassen sich darin nicht etwa einzelne in sich zusammenhängende und von einander gesonderte Schichten unterscheiden, aber die Zellen liegen, auch an den dünnsten Stellen, mehrfach übereinander und teilweise zwischen einander eingekeilt. Ein zufälliger Befund ist, dass in dem abgebildeten

---

[1]) In Fig. XIV^a sind diese Zwischenräume etwas zu breit geraten.

Exemplare dieses Stadiums das Dach der Furchungshöhle in der Gegend des Keimpoles bedeutend dicker ist als in seinen übrigen Partien (Fig. XIV[3]). Ausser durch ihre geringere Grösse unterscheiden sich die Dachzellen der Furchungshöhle von den unterhalb dieser befindlichen Zellen durch ihre gleichmässige feinkörnige Beschaffenheit und schwächere Färbung.

Entsprechend der vorgerückteren Teilung der unteren Eihälfte findet man jetzt auch hier Kerne, allerdings noch nicht in unmittelbarer Nähe des Gegenpols, indem die untersten Kerne sich in den oberen Abschnitten der an diesen stossenden grösseren Segmente befinden. Die unterhalb der Furchungshöhle befindlichen Kerne liegen, wie in den früheren Stadien, mitten in der aus grossen Elementen zusammengesetzten Dottersubstanz, oder sind nur von geringen Mengen einer Substanz umschlossen, welche bei schwacher Vergrösserung ziemlich homogen erscheint.

In dem abgebildeten Exemplare befindet sich die Mehrzahl der Kerne im „Ruhestadium". Ihre Struktur ist der S. 200 beschriebenen durchaus ähnlich, und es besteht in dieser Beziehung im allgemeinen kein Unterschied zwischen den Kernen der Dachzellen und denjenigen des grobkörnigen Dotters. Auch die Dimensionen sind in der Regel nicht wesentlich verschieden; der grösste Durchmesser beträgt für die ruhenden Kerne beider Gebiete 22—29 μ. Unter den Kernen der Dachzellen der Furchungshöhle findet man indessen einzelne bedeutend kleinere (13 μ), welche auch eine dichtere Struktur besitzen, indem sie innerhalb der Membran nur wenig helle Grundsubstanz, dagegen ein dichtes stark gefärbtes Gerüst enthalten, weshalb sie auch im ganzen viel dunkler aussehen als die übrigen Kerne. In zahlreichen Dachzellen finden sich auch die früher beschriebenen knolligen oder gelappten, bezw. auch die multiplen (2—4) Kerne. Unterhalb der Furchungshöhle habe ich in dem vorliegenden Falle diese Kernformen nirgends angetroffen. Dagegen finden sich sowohl hier wie in Dachzellen der Furchungshöhle verschiedene karyokinetische Kernteilungsstadien.

VII. Die Blastula.

Gegen das Ende der Furchungsperiode werden die Zellen allmählich so klein, dass sie makroskopisch, bezw. bei geringer (10–20 facher) Vergrösserung weder am Keimpol noch am Gegenpol distinkt erkennbar sind. Das Ei gewinnt infolgedessen äusserlich wieder ein ziemlich gleichmässig glattes Aussehen, wenn auch nicht in demselben Grade, wie vor Anfang des Furchungsprozesses. Es befindet sich schliesslich im Stadium der Blastula. Für dieses Stadium ist (im Sinne der Entwickelungsfolge) nur nach oben durch das Auftreten der Gastrulationserscheinungen eine bestimmte Grenze gegeben, während nach unten, d. h. gegen die späteren Furchungsstadien, die Abgrenzung naturgemäss eine willkürliche ist. An der oberen Seite des Eies schimmert in diesem Stadium die Furchungshöhle (= Blastulahöhle) deutlich durch, jedoch mit mehr oder weniger undeutlichem Kontur. Der Farbenunterschied zwischen der Gegend des Keimpoles und der des Gegenpoles besteht noch fort, aber die Grenzen des Keimfeldes sind im Laufe des Furchungsprozesses allmählich undeutlicher geworden. Indessen scheint eine hellere Färbung sich etwas über das Bereich der Furchungshöhle hinaus zu erstrecken. Wenn man ein frisches Ei aus diesem Stadium in Kochsalzlösung zerreisst, kann man schon mit blossem Auge erkennen, dass das Ei aus zahllosen kleineren und grösseren abgerundeten Körperchen zusammengesetzt ist, von welchen die kleinsten, mit der Lupe betrachtet, sich wie winzige Pünktchen darstellen, während die grössten vielfach deutlich eine ellipsoidische Gestalt erkennen lassen. Zwischen diesen Furchungszellen scheint grossenteils nur eine verhältnismässig lockere Verbindung zu bestehen, denn schon ziemlich geringe Bewegungen der Flüssigkeit genügen, um sie auseinanderzuschwemmen. Im übrigen habe ich sie im frischen Zustande nicht genauer untersucht.

Fig. XV¹ stellt einen Vertikalschnitt durch ein solches im Blastulastadium befindliche Ei dar. Die mikroskopische Untersuchung der Schnitte ergiebt, dass ein Gegensatz zwischen einer aus feinkörniger Substanz bestehenden oberen kleineren Partie und einem viel grösseren unteren, aus gröberem Material bestehenden Teil des Eies im ganzen noch ebenso scharf ausgeprägt ist wie in früheren Stadien. Die erstere fällt im wesentlichen mit dem Dache der Furchungshöhle zusammen, während der Boden der letzteren bereits dem Gebiete des grobkörnigen Materiales angehört. Auch die Zellen der beiden Gebiete sind immer noch von bedeutend verschiedener Grösse, obwohl auch der untere Teil des Eies in eine grosse Zahl kleiner Zellen („Furchungskugeln") zerfallen ist. Am Rande der Furchungshöhle geht die feinkörnige Substanz des Daches ohne scharfe Grenze allmählich in die dichte Rindenzone des grobkörnigen Dotters über. An einer Seite (in Fig. XV¹ rechts) zeigt an dieser Stelle die feinkörnige Schicht eine Verdickung und erstreckt sich normal auch ein wenig weiter nach unten als an den übrigen Seiten. Im übrigen ist dagegen das Dach der Furchungshöhle zwar recht dünn geworden (vergl. Figg. XII⁶, XIII¹⁻⁴, XIV¹, XV¹); indessen findet man bei genauer Untersuchung, dass auch hier (vergl. voriges Stadium S. 210) die dasselbe zusammensetzenden Zellen in verschiedener Höhe stehen, so zwar, dass einige Zellen (nach oben) bis an die freie Oberfläche des Eies, andere (nach unten) bis ans Lumen der Furchungshöhle sich erstrecken, während noch andere anscheinend zwischen diese beiden Kategorien eingekeilt sind. Nirgends (?) findet man eine Zelle, welche etwa mit dem oberen Ende die freie Oberfläche, mit dem unteren die Furchungshöhle erreichen würde. Die erwähnten Zellenkategorien bilden aber nicht etwa jede für sich eine besondere Schicht, sondern alle zusammen stellen eine durchaus kompakte dünne Scheibe dar, in welcher man einzelne Schichten keineswegs durchverfolgen kann. Der grösste Durchmesser dieser Zellen beträgt in der Gegend des Keimpoles 50—75 μ, während die kleinsten unterhalb der Furchungshöhle befindlichen Zellen im allgemeinen immerhin 200—300 μ messen. Einige wenige von den letzteren (am Boden der Furchungshöhle) gehen indessen bis auf etwa 100 μ herunter. Eine solche ist in der Fig. XV[2] abgebildet. Der Boden der Furchungshöhle besteht wie früher aus einer Dottersubstanz, welche hauptsächlich aus mittelgrossen Dotterplättchen zusammengesetzt ist, zwischen welchen feinere Elemente eingesprengt liegen. Beim ersten Blick könnte es aussehen, als läge hier noch ungefurchter Dotter vor; die genauere Untersuchung lehrt indessen, dass der ganze Dotter bereits durchfurcht ist[1]), obwohl die Zellgrenzen nicht überall deutlich erkennbar sind. Wo ein Durchschnitt einer mehr isoliert liegenden Zelle angetroffen wird, erkennt man, dass diese Zellen abgerundete Agglomerate („Furchungskugeln") von den erwähnten Dotterelementen darstellen. Zusammengehalten werden die Dotterplättchen durch eine sehr feine, teilweise fast unsichtbare protoplasmatische Substanz (vgl. Fig. XV[2]). Eine Zellmembran habe ich weder an diesen noch an den Dachzellen der Furchungshöhle auffinden können; vielmehr treten die die Zellen ausfüllenden Dotterelemente überall frei bis an die Oberfläche derselben. Infolgedessen sieht schon bei schwacher Vergrösserung der Kontur des Bodens der Furchungshöhle rauh und uneben aus, während der innere Kontur des Daches erst bei stärkerer Vergrösserung diese Beschaffenheit erkennen lässt (entsprechend der verschiedenen Grösse der Dotterelemente der beiden Lokalitäten). Indem nun die Zellen dicht zusammengedrängt liegen, werden vielfach die dieselben trennenden Furchen in den Schnitten derart von den

---

[1]) Das geht teils aus den zahlreichen zerstreuten Kernen, teils aus den hier und dort deutlich hervortretenden Zellgrenzen hervor.

Dotterelementen verdeckt, dass man sie gar nicht, bezw. nur an günstigen Stellen erkennen kann. In dem vorliegenden Falle (Fig. XV[1]) treten, abgesehen von den mehr oder weniger isoliert am Boden der Furchungshöhle liegenden Furchungskugeln, nur im centralen Gebiet des grobkörnigen Dotters vereinzelte Zellgrenzen, bezw. schmale Zwischenzellräume deutlich hervor (am besten bei schwacher Vergrösserung, etwa Hartn. Syst. 1—2). Im übrigen stimmen die Einzelheiten des grobkörnigen Dotters ungefähr mit dem S. 209—210 gesagten überein.

Zum ersten Male finden sich jetzt auch in den untersten Partien des Eies Kerne (s. Fig. XV[1]). Wie zwischen den Zellen des Daches der Furchungshöhle und denjenigen des grobkörnigen Dottergebietes Dimensions- und andere Differenzen (s. oben) sich geltend machen, so zeigen jetzt auch die entsprechenden Kerne gewisse Verschiedenheiten. Mit den Dachzellen selbst sind allmählich auch ihre Kerne kleiner geworden (10—14 μ). Auch ihr Aussehen ist jetzt ein anderes, als früher. Sie zeigen im Ruhestadium innerhalb der Kernmembran eine sehr spärliche helle Grundsubstanz und ein reichliches, intensiv gefärbtes Gerüst, wodurch der ganze Kern ein dunkles Aussehen gewinnt. Zu einem gewissen Teil mögen vielleicht diese Eigentümlichkeiten durch Schrumpfungsvorgänge (infolge der Reagentien) bedingt sein. Indessen dürften wohl diese nur eine untergeordnete Rolle spielen, da sie weder in diesem Stadium auf die Kerne des grobkörnigen Dotters, noch in früheren Stadien überhaupt in ähnlicher Weise einen Einfluss ausgeübt haben, obwohl die Behandlung der Eier die gleiche war. Im Gegensatz zu jenen Kernen haben die ruhenden Kerne des grobkörnigen Dotters immer noch annähernd dasselbe Aussehen, bezw. die gleiche Struktur bewahrt wie in früheren Stadien (S. 200, 211). Vielleicht könnte man sagen, dass auch in ihnen das Gerüst gegen dort etwas dichter erscheint. Auch sind diese Kerne noch recht gross, bis zu 30 μ und mehr. Auch die (membranlosen) karyokinetischen Kernteilungsfiguren sind im Gebiete des grobkörnigen Dotters entschieden grösser als in den Dachzellen.

Ein Vertikalschnitt durch ein etwas vorgerückteres Stadium ist in Fig. XVI[1] wiedergegeben. Das betreffende Ei zeigte bereits Spuren der beginnenden Gastrulation. Wie die Figur zeigt, hat in diesem Falle die Furchungshöhle eine bedeutend grössere Ausdehnung als in irgend einem der vorhergehenden. Sie erreicht in der That gegen Ende der Blastulaperiode ihre höchste Entwickelung. Ihr Dach ist noch dünner geworden als vorher (vergl. Figg. XV[1] und XVI[1]); die an einer Seite (rechts in der Figur) erkennbare Verschiebung der feinkörnigen Schicht gegen den unteren Pol hin und ihre dortige Verdickung gehören schon zu den Gastrulationserscheinungen und kommen daher vorläufig nicht weiter in Betracht.

Trotz seiner Dünnheit ist das Dach der Furchungshöhle doch nicht einschichtig (vgl. oben S. 210 u. S: 213). Auch hier lassen sich zwar kaum einzelne in sich zusammenhängende und von einander gesonderte Schichten durchverfolgen; indessen ist das Dach, wenigstens in der Mitte, nicht mehr als zwei bis drei Zellen dick, und es sieht an manchen Stellen aus, als wären in der That zwei Schichten vorhanden, eine äussere aus relativ niedrigen Zellen bestehende, und eine innere (untere), deren Zellen höher sind, (s. Fig. XVI[2], welche ein Stück aus der Mitte des Daches bei stärkerer Vergrösserung darstellt). Der Boden der Furchungshöhle wird wie bisher von grobkörnigem Dotter gebildet. Teils findet man hier, wie in dem vorhin besprochenen Falle, ziemlich isoliert liegende Furchungskugeln (vgl. Fig. XV[2]), teils eine Dottermasse, welche auf den ersten Blick noch ungefurcht erscheint, die aber doch beim genaueren Zusehen stellenweise die Zellgrenzen erkennen lässt. In der centralen Zone des grobkörnigen Dotters trifft man wieder die S. 210 erwähnten weiten Zwischenzellräume, wenn auch nicht in solcher Ausdehnung wie in jenem Falle. Im übrigen bietet der grobkörnige Dotter etwa die gleichen Verhältnisse dar, wie der zuletzt besprochene Fall. Auch was die Kerne betrifft, stimmen die beiden Fälle ziemlich überein; nur mag erwähnt werden, dass in dem jetzt vorliegenden (Fig. XVI), und zwar im Gebiete des grobkörnigen Dotters, einige der früher erwähnten knolligen und multiplen Kerne sich vorfinden.

VIII. Zusammenfassung.

Nachdem im vorhergehenden die Einzelheiten des Furchungsprozesses des Salamandereies bis zur Vollendung dieses Prozesses vorgeführt sind, möge mir gestattet sein, einige Punkte aus demselben zusammenfassend noch einmal kurz hervorzuheben.

Beim Auftreten der ersten Latitudinalfurchen, bezw. mit dem Entstehen der ersten Scheitelsegmente findet man im inneren des Eies bereits die ersten Anlagen der Furchungshöhle (S. 193). Diese fallen räumlich nicht mit der ursprünglichen Grenze zwischen fein- und grobkörniger Dottersubstanz zusammen, sondern treten innerhalb des Gebietes der letzteren auf. Diese ursprünglich wohl zum Teil von einander getrennten kleinen Hohlräume treten allmählich zu einer ausgedehnteren Höhlenbildung zusammen, welche aber erst in weit späteren Stadien die endgültige regelmässige Gestalt der Furchungshöhle gewinnt.

Beim ersten Auftreten der Furchungshöhle, bezw. ihrer Anfänge, finden sich Kerne nur im obersten Teile des Eies, oberhalb des Niveaus jener Höhlenbildungen (Figg. IX[3] [5]). Etwas später findet man im periphersten obersten Bezirke des grobkörnigen Dotters auch unter dem Niveau der Furchungshöhle Kerne. Teils können diese Kerne selbst mehr oder weniger weit centralwärts vorrücken (z. B. in dem Ei der Fig. X, vgl. S. 202), teils treten nun Kernteilungen auf, bei denen das eine Teilungsprodukt centralwärts gegen die Eiachse (unterhalb der Furchungshöhle) wandert. Zum Teil bedingen diese Kernteilungen viel weiter nach unten auftretende Latitudinal- oder Äquatorialfurchen, von welchen aus die Teilungsflächen in spitzem Winkel nach innen und oben aufsteigen, um den Randbezirk der Furchungshöhle zu erreichen (Abspaltung von Äquatorialsegmenten, vgl. S. 205—206). In diesen Stadien befindet sich unterhalb der Furchungshöhle eine ungeteilte Dotterpartie, welche eine verschiedene Zahl von Kernen einschliesst. Allmählich dringen die Meridianfurchen auch durch diese Masse hindurch, deren Kerne dann durch die genannten Furchen getrennt werden. Hierbei kommen grosse, im ganzen etwa pyramidenförmige Segmente zustande, deren Basis an der freien Oberfläche der unteren Eihälfte liegt, während ihre (abgestutzten) Spitzen zusammen den Boden der Furchungshöhle bilden.

Es erfolgt nun eine Abschnürung innerer Scheitelsegmente von jenen pyramidenförmigen Segmenten (Fig. XIII[4]). Erst bei der dieser Abschnürung entsprechenden Kernteilung rücken Kerne vom Boden der Furchungshöhle her gegen die unteren Partien des Eies vor (vgl. Fig. XI[3]). Derselbe Vorgang wiederholt sich, abwechselnd mit in anderen Richtungen verlaufenden Teilungen (Fig. XIV[3]), bis schliesslich auch der ganze untere Teil des Eies zerklüftet ist.

Das Dach der Furchungshöhle, welches zuerst (und lange) aus einer einfachen Schicht nebeneinander liegender, verhältnismässig grosser Zellen bestand, wird gegen Ende des Furchungsprozesses mehrschichtig (im selben Sinne, wie z. B. ein geschichtetes Plattenepithel) und bleibt so bis zum Auftreten der Gastrulationserscheinungen bestehen (vgl. S. 210, 213, 216, Figg. XIV[3], XVI[2]). In dieser Epoche besteht immer noch ein bedeutender Grössenunterschied zwischen den Zellen des Daches der Furchungshöhle und den unterhalb dieser befindlichen Zellen. Auch die Kerne dieser beiden Kategorien von Zellen bieten nunmehr gewisse Differenzen dar (S. 215). Die Verteilung der verschiedenen Dotterelemente bleibt während des ganzen Furchungsprozesses im wesentlichen in der ursprünglichen Weise bestehen. Nur scheinen gröbere Dotterelemente allmählich zur Bildung feinerer Materie verbraucht zu werden, was namentlich in den spätesten Furchungsstadien zum Ausdruck kommt.

Es mag noch besonders bemerkt werden, dass der höchste Teil der Furchungs- bezw. Blastulahöhle ungefähr dem ursprünglichen Keimpole des Eies entspricht. Das ergiebt sich teils aus einem Vergleich der Anordnung der feinkörnigen Substanz in allen Stadien etwa bis zu dem der Fig. XIV, teils aus dem Vergleich der Furchungshöhle der späteren Furchungsstadien mit derjenigen der endgültigen Blastula. In den letzten Blastulastadien erfährt die Anordnung der feinkörnigen Schicht eine Modifikation (s. Fig. XVI[1] rechts unten); diese gehört aber bereits zu den Erscheinungen der Gastrulabildung und wird daher erst bei der Besprechung der letzteren in Betracht kommen.

Wenn man z. B. die Fig. III[1] oder IV[2] betrachtet, so wird man sich kaum darüber wundern, dass in manchen Fällen die untere Eihälfte (äusserlich wie im Inneren) so langsam vom Furchungsprozess bewältigt wird. Die Kerne liegen im obersten Teil des Eies, 3—4 mm vom Gegenpol entfernt. Und doch müssen sie, um die Furchen durchzubringen, bis auf diese Entfernung ihren Einfluss geltend machen, und zwar durch ein Gebiet hindurch, welches ganz und gar aus anscheinend protoplasmaarmer grobkörniger Dottersubstanz besteht. Dasselbe gilt auch noch z. B. für das Ei der Fig. IX (vgl. die Schnitte IX[3-6]). Vielleicht noch deutlicher prägt sich diese Eigentümlichkeit in dem Ei der Fig. XIII aus. Hier findet man im Inneren des Eies grosse pyramidenförmige Zellen, welche sich von der Furchungshöhle aus bis zur Gegend des Gegenpoles hin erstrecken (vgl. S. 208 und S. 218), und noch im geschrumpften (?) Zustande eine Höhe von 3—4 mm besitzen. Nichtsdestoweniger liegt das dirigierende Centrum (Kern) einer solchen gigantischen Zelle in ihrer obersten Spitze (Fig. XIII[1]). Man muss sich daher vielmehr darüber wundern, dass die Furchung manchmal trotzdem so rasch verlaufen kann, wie z. B. in dem Falle der Fig. VI (vgl. S. 183).

IX. Aussergewöhnliche Kerne.

Dass die bisher berücksichtigten Kerne alle dem ersten Furchungskern entstammen, dürfte aus der obigen Darstellung klar genug hervorgehen. Diese Abstammung wurde, auch was die Kerne der unteren Eihälfte betrifft, durch die verschiedenen Stadien sozusagen Schritt für Schritt verfolgt.

Ausser diesen Kernen habe ich aber in einigen Fällen einige Kerne bezw. kernartige Gebilde beobachtet, welche bis jetzt unberücksichtigt blieben. Der erste Fall betrifft das Ei der Fig. IX. Hier findet sich im Segmente E ausser dem früher berücksichtigten Kerne noch ein zweiter (Fig. IX[5]). Dieser liegt der freien Oberfläche des Eies sehr nahe, ist an seiner unteren Seite mit einem hellen Hof versehen, an den übrigen Seiten unmittelbar von den hier vorkommenden feineren Dotterelementen umgeben und zeigt eine eigentümliche Struktur. Innerhalb einer zarten etwas geschrumpften Membran findet sich in dem mittleren Schnitt (der Kern ist in drei Schnitten getroffen) ein Ring aus chromatischer Substanz. Die radiäre Entfernung zwischen dem Ring und der Kernmembran beträgt 5—10 μ, die radiäre Dicke des Ringes 3—4 μ, der innere Durchmesser 9 μ. Im ganzen sieht der Ring massiv aus; bei sehr aufmerksamer Betrachtung lässt sich an ihm an einigen Stellen eine körnige Struktur undeutlich erkennen. Vom Umfange des Ringes gehen einige radiär verlaufende Fäden aus, welche ebenfalls aus chromatischer Substanz bestehen und sich anscheinend bis zur Membran erstrecken, wo sie, wenigstens zum Teil, mit einer winzigen kolbenförmigen Verdickung endigen. In den beiden anderen Schnitten ist das Bild ein anderes. An entsprechender Stelle findet sich anstatt des Ringes je eine kleine Platte, wie aus verfilzten chromatischen Fäserchen gebildet. In dem einen Schnitte bietet die

Platte am Rande immerhin eine Andeutung des Ringes dar. Es sieht demnach aus, als befände sich in diesem Gebilde innerhalb der Membran etwa eine aus chromatischer Substanz bestehende Hohlkugel, von deren Umfange radiär verlaufende Fädchen ausgingen. Durch die scharf konturierte Membran und die erst in einiger Entfernung von dieser central angehäufte chromatische Substanz erinnert das ganze Gebilde im Aussehen entfernt an eine etwas geschrumpfte Zelle mit darin liegendem Kern. Ebenso auffallend wie die Struktur ist auch die Lage dieses Kernes. Wie der Vergleich mit den übrigen Kernen desselben Eies sowie mit denjenigen der nächstfolgenden Stadien darthut, hat der Kern eine viel oberflächlichere Lage, als ihm in diesem Stadium von rechtswegen zukäme, besonders wenn man berücksichtigt, dass er einem der grossen unteren Segmente angehört.

Ein zweiter Fall betrifft das Ei der Fig. XII. Es findet sich hier im Inneren des Eies (in der ungeteilten centralen Dottermasse) ein Kern (der unterste in Fig. XII[7]), welcher ebenfalls durch seine Lage und durch seine Struktur von den anderen Kernen desselben Eies abweicht. Was erstens seine Lage betrifft, so ist im Gegensatz zum vorigen Falle bemerkenswert, dass er im Vergleich mit den anderen Kernen so weit nach unten liegt. Nach den sonstigen Verhältnissen dieses Eies würde man auch kaum erwarten, an dieser Stelle einem Kerne zu begegnen. Der Kern ist, wie die übrigen desselben Eies, nicht ruhend, von keiner Membran umgeben, bietet aber im übrigen ein ganz anderes Aussehen dar, als diese. Er besteht aus einigen wenigen enge zusammenliegenden und intensiv gefärbten Körnern und Körnchen und aus wenigen undeutlichen achromatischen Fasern, welche an den Körnern vorbei oder von diesen aus nach beiden Seiten hin auslaufen. Die Dimensionen dieses Kernes sind sehr gering (er ist nur in einem Schnitt getroffen[1]), und das ganze Gebilde ist daher sehr unscheinbar.

---

[1] Schnittdicke $^1/_{100}$ mm.

Im dritten Falle endlich, in dem Ei der Fig. X, handelt es sich um mehrere unter sich ziemlich gleichartige Gebilde, an welchen sich die morphologischen Charaktere von Kernen nicht so deutlich erkennen lassen, welche aber vom Karmin ganz in derselben Weise gefärbt sind, wie sonst nur die chromatische Kernsubstanz, d. h. viel intensiver und in einer viel ausgesprochener violetten Farbennüance als die Dotterelemente. Es sind in dem betreffenden Ei fünf solche Gebilde vorhanden. Zwei von ihnen liegen im Segmente a, drei im Segmente d. Eins liegt dem Gegenpol ziemlich nahe, die anderen weiter oben, ziemlich weit im Inneren der betreffenden Segmente. Diese Gebilde sind nur in je einem Schnitt[1]) getroffen und stellen sich dar als kleine, anscheinend scheibchenförmige Körperchen mit einem längsten Durchmesser von etwa 14 bis 23 μ. Vier von ihnen sind länglich gestaltet, das fünfte hat eine rundlich-polygonale Gestalt. Um jedes von ihnen herum kann man mehr oder weniger deutlich einen schmalen hellen Hof erkennen. Der Kontur der einzelnen Körperchen ist teils anscheinend glatt, teils lassen sich daran kleinste Vorsprünge oder Fortsätze erkennen. Besonders ist das an dem rundlich-polygonalen Exemplare der Fall. Alle diese Gebilde zeigen einen starken Glanz (Lichtbrechung) und sind im ganzen, wie schon erwähnt, intensiv rot-violett gefärbt, indessen kann man an einigen bei genauer Betrachtung kleinere Stellen sehen, die weniger stark oder vielleicht gar nicht gefärbt sind. In dem erwähnten rundlich-polygonalen Gebilde erscheint das ganze Centrum schwächer gefärbt und von einer intensiver gefärbten ringförmigen Zone umgeben. An keinem von diesen fünf Gebilden ist eine Membran erkennbar.

Was die Natur dieser verschiedenartigen Gebilde betrifft, so hat man es in den beiden ersten Fällen wohl sicher, in dem letzten mit grosser Wahrscheinlichkeit wirklich mit Kernsubstanz

[1]) à $1/100$ mm.

zu thun. Eine weitere Frage ist, ob auch diese Kerne dem regelmässigen Teilungsprozess der Furchungskerne ihre Existenz verdanken, d. h. ob sie in direkt absteigender Linie von dem ersten Furchungskern abstammen; und ferner fragt es sich, ob sie alle in eine Kategorie zusammengehören.

Bezüglich des ersteren Punktes kann ich nur einige Vermutungen aufstellen, über den zweiten nicht einmal das. Mir scheint sowohl die von den Furchungskernen der betreffenden Eier abweichende Struktur dieser Kerne, wie auch ihre regellose Lage mit Entschiedenheit gegen die Annahme zu sprechen, dass sie von den Furchungskernen abstammen. Viel wahrscheinlicher scheint es mir, dass sie, wenigstens zum Teil, Abkömmlinge von „Nebenspermakernen" (Oppel 92) darstellen könnten.

Es wurde in letzterer Zeit eine erhebliche Zahl von Beobachtungen über Polyspermie in Wirbeltiereiern mitgeteilt. Abgesehen von einigen älteren, teilweise mehr zufälligen Angaben, wurde durch speziell den Befruchtungsvorgängen gewidmete Untersuchungen eine Polyspermie als physiologisches Vorkommnis bei der Befruchtung meroblastischer Wirbeltiereier behauptet: von Rückert (91. a und b, 92) für das Selachierei, von Oppel (91, 92) und Todaro[1]) für Reptilieneier. Auch über Amphibieneier liegen aus neuester Zeit ähnliche Angaben vor, so von Fick (93) über den Axolotl, von Jordan (93) über einen amerikanischen Molch (Diemyctylus viridescens). Physiologisch scheint nun im Salamanderei die Polyspermie allerdings nicht zu sein, wenigstens nicht in dem Sinne, dass sie die Regel und für die normale Entwickelung unentbehrlich wäre. Ich habe meine Serien genau durchgesehen, aber nur in den erwähnten Fällen Anzeichen gefunden, welche möglicherweise auf eine Polyspermie bezogen werden dürfen. Dass

---

[1]) Todaro. Sulla Struttura, la maturazione et la fecondazione dell' ovo della Seps cheloides. Atti della R. Accad. dei Lincei 1891, citiert von Rückert (92).

einige ähnliche Fälle meiner Aufmerksamkeit entgangen sein können, ist selbstverständlich nicht ausgeschlossen, aber in der Mehrzahl der Fälle sind derartige Anzeichen sicher nicht vorhanden. Indessen muss die Entscheidung darüber, ob bei der Befruchtung des Salamandereies eine physiologische Polyspermie regelmässig vorkommt oder nicht, einer Spezialuntersuchung der Befruchtungsvorgänge überlassen werden. Übrigens könnte man, auch ohne eine regelmässige Polyspermie anzunehmen, sich wohl denken, dass das Auftreten derselben etwa bei solchen Eiern ausnahmsweise vorkommt, welche in irgend einer Weise geschwächt oder alteriert sind. In der That bietet das Ei der Fig. X, in welchem die meisten der fraglichen Gebilde sich befinden, in vielen Schnitten so eigentümliche Bilder dar, dass man einigen Zweifel hegen könnte, ob das Ei vollkommen normal ist.

Das sonderbare Aussehen, bezw. die sozusagen rudimentäre Struktur der betreffenden Kerngebilde würde durch die Annahme ihrer Spermatozoenabstammung eine gewisse Erklärung finden, da selbst bei physiologischer Polyspermie die Nebenspermakerne allmählich zu degenerieren scheinen (vgl. Oppel, 92, S. 286, Jordan, 93, S. 317).

In diesem Zusammenhang mag endlich auch der oben an mehreren Stellen erwähnten knolligen und multiplen Kerne gedacht werden. Diese Formen von Kernen könnten wohl geeignet sein, den Gedanken an eine „direkte" Kernteilung zu erwecken. Es wäre denn, mit Rücksicht auf die oft sehr verschiedene Grösse der einzelnen neben einander liegenden Bläschen, in erster Linie an eine Art von Knospungsprozess zu denken. Einen solchen nahm in der That z. B. Sarasin (83, S. 169—204) an, welcher im Eidechsenei sowohl „bucklige" Kerne, wie auch Kernhäufchen beobachtete. Vay, der im Ei des Tropidonotus natrix die gleichen Gebilde antraf, hielt sie eher für gewisse Formen von karyokinetischen Kernteilungsstadien (93, S. 42—50). Mehr oder weniger ähnliche Kernformen sind übrigens von sehr vielen Forschern im Zusammenhang mit dem Furchungsprozess verschiedener Wirbeltiereier erwähnt worden. Im Selachierei fand Balfour (78) unter den Dotterkernen sowohl knollige ("knob-like", "knobbed") Kerne, wie Kernhäufchen und meinte, dass gegen Ende der Furchungsperiode die "direkte" Kernteilungsart allmählich über die "indirekte" die Oberhand gewänne. Gruppen von beisammen liegenden Dotterkernen hat auch Rückert im Selachierei gesehen und als Ausdruck einer direkten Kernteilung aufgefasst (85, S. 10 u. a.). Kastschenko beobachtete an den Dotterkernen von Selachiereiern "alle möglichen Stufen der sogenannten direkten Kernteilung" (88, a, S. 256—257). Auch in Teleostiereiern wurden Häufchen von Bläschen, bezw. Kernen, z. B. von Oellacher (citiert von Balfour, 78 S. 29) beobachtet. Balfour hält die Oellacherschen Gebilde für identisch mit den von ihm für das Selachierei erwähnten (78 S. 29). In Reptilieneiern fand, ausser den schon erwähnten Forschern, C. K. Hoffmann (90, S. 1879) oft Haufen von kleinen Kernen, die er als Zeichen einer direkten Kernteilung ("Fragmentation") ansprechen zu können meinte. Auf die Beobachtungen von Bellonci (84) werde ich gleich zurückkommen.

Ein ausführliches Referat würde zu weit führen. Die erwähnten Beispiele zeigen zur Genüge, dass derartige Kernformen in Wirbeltiereiern während der Furchungsperiode ein häufiges Vorkommnis, sowie dass sie recht allgemein als Ausdruck einer direkten Kernteilung aufgefasst worden sind. Dennoch kann ich, was meine Fälle betrifft, diese Auffassung nicht teilen. Wenn es sich um eine direkte Kernteilung handelte, so würde diese wohl einen gewissen Gegensatz der betreffenden Kerne gegenüber den übrigen Kernen, welche sich mitotisch teilen, bedeuten. Man könnte demnach etwa erwarten, die fraglichen Kernformen konstant in einem gewissen Teil des Eies anzutreffen, wie es ja in den meroblastischen Eiern die Dotterkerne sind, welche diese Formen darbieten, bezw. eine direkte Teilung durchmachen sollten. In der That findet man die betreffenden Kernformen im Salamanderei in einigen Fällen nur im Gebiete des grobkörnigen Dotters (z. B. in den Fällen der Figg. XI und XVI). Aber in anderen Fällen (s. S. 211) finden sich diese Kerne ausschliesslich in den Dachzellen der Furchungshöhle. Dadurch ist in dieser Beziehung eine prinzipielle Verschiedenheit der Kerne der beiden Gebiete ausgeschlossen. Andererseits kommt der Umstand in Betracht, dass ich die fraglichen Kernformen nur in solchen Eiern beobachtet habe, wo sich zugleich, und in überwiegender Menge, „ruhende" Kerne finden, dagegen nicht in Eiern, wo sonst nur z. B. das Äquatorialplattenstadium oder diesem benachbarte Stadien der karyokinetischen Kernteilung vorhanden waren. Dieser Umstand scheint vielleicht zu Gunsten der Annahme zu sprechen, dass es sich bei den in Frage stehenden Kernen um Phasen „indirekter" Kernteilung handelt, wenn man bedenkt, dass man auch sonst, wie oben an einigen Stellen bemerkt wurde, in jedem Ei vorzugsweise ein gewisses karyokinetisches Kernteilungsstadium oder wenigstens einander nahe stehende Stadien findet, z. B. das Äquatorialplatten- und das Dyasterstadium.

Nur die spätesten Furchungsstadien verhalten sich in dieser Hinsicht oft anders, indem sie eine grössere Mannigfaltigkeit der Kernformen aufweisen, die von der in diesen späten Stadien leicht begreiflichen Ungleichzeitigkeit der Kernteilungen abhängt.

Am schwersten fallen aber bei der in Frage stehenden Beurteilung die Beobachtungen von Bellonci (84) über die karyokinetischen Vorgänge während der Furchung des Axolotleies ins Gewicht. Bellonci bildet eine Reihe sowohl gelappter (bezw. knolliger, buckliger), wie auch multipler Kerne (d. h. Haufen von Bläschen) ab, unter welchen namentlich seine Figg. 16 und 17) bedeutende Ähnlichkeit mit den von mir beobachteten Formen darbieten. Bezüglich dieser Kerne stellte Bellonci fest, dass sie in der That besondere Phasen des karyokinetischen Kernteilungsprozesses darstellen, welche sich in die zweite Abteilung dieses Prozesses, vor der Rückkehr des Kernes ins „Ruhestadium", einschalten. (Es bilden sich aus den zu den Spindelpolen gerückten Tochterchromatinschleifen kleine Bläschen, welche zunächst einen Haufen bilden und dann allmählich zusammenfliessen). Damit würde stimmen, dass ich die betreffenden Kernformen gerade mit „ruhenden" Kernen zusammen antraf. Demnach könnte es sich in meinen Fällen, wie in denjenigen von Vay (93) um derartige Stadien der mitotischen Kernteilung handeln. Todaro (95) hat im Ei von Seps chalcides, Henneguy (citiert bei Todaro, S. IV) im Ei der Forelle ähnliche Kernformen beobachtet. Auch diese Forscher bringen dieselben in eine gewisse Beziehung zum karyokinetischen Kernteilungsprozesse, jedoch in einer von Bellonci abweichenden Weise. Mit den von Todaro erwähnten polymorphen Kernen mit bis zu fünf chromatischen Bläschen liessen sich die meinigen gut in Einklang bringen.

X. Vergleichende Betrachtungen.

Aus einem Vergleich zwischen den Furchungsvorgängen des Salamandereies und denjenigen anderer Wirbeltiereier ergiebt sich einerseits ohne weiteres, dass dieses Ei hinsichtlich der Furchung im wesentlichen mit den übrigen total und inäqual sich furchenden Eiern von niederen Wirbeltieren übereinstimmt, insofern auch das Salamanderei einer totalen und inäqualen Furchung unterliegt. Im einzelnen bietet andererseits der Furchungsprozess dieses Eies infolge der ungewöhnlich stark ausgeprägten Inäqualität einige Eigentümlichkeiten dar, welche dasselbe doch in eine gewisse Ausnahmestellung, wenigstens den meisten anderen Amphibieneiern gegenüber, versetzen und einen gewissen Grad von Ähnlichkeit mit meroblastischen

Eiern bedingen. Auf diese letztere werde ich am Schluss dieses Kapitels zurückkommen.

Um zunächst bei den Amphibien zu bleiben, so hatte ich selbst schon früher Gelegenheit (90), darauf hinzuweisen, dass am Tritonei nicht selten Furchenbilder zustande kommen, welche von den bekannten „typischen" Furchenbildern des Frosch- oder Cyklostomeneies recht erheblich abweichen und gewissermassen an diejenigen von meroblastischen Eiern erinnern. Abgesehen von der verhältnismässig langsameren Teilung der unteren Eihälfte, ist am Tritonei diese Ähnlichkeit eine rein äussere und zeigt sich hauptsächlich zur Zeit und durch das Verhalten der dritten, bezw. auch der vierten Furche. Die dritte Furche tritt nicht nur dem aktiven Pole relativ näher auf, als etwa am Froschei — vorausgesetzt, dass sie überhaupt als Latitudinalfurche („Horizontalfurche") erscheint — sondern sie nimmt nicht selten einen mehr oder weniger rein meridionalen Verlauf. Zwischen den beiden extremen Verlaufsrichtungen finden sich alle möglichen Übergangsstufen. Wenn die erste Latitudinalfurche erst der vierten Teilungsphase angehört, liegt sie dem aktiven Pole naturgemäss noch näher. Ähnliche Furchenbilder wurden seitdem von mehreren Forschern beobachtet, so von v. Ebner (93) an demselben Objekt (Tritonei), von Jordan (93) am Ei des nahestehenden Diemyctylus (Triton) viridescens.

In noch viel höherem Grade prägen sich diese Verhältnisse am Salamanderei aus. Die dritte Furche nimmt auch hier zuweilen (vielleicht ebenso oft oder öfter als einen latitudinalen) einen meridionalen Verlauf. Wo sie aber in latitudinaler Richtung verläuft, befindet sie sich in der nächsten Nähe des aktiven Poles. In dieser Gegend (im Bereich des Keimfeldes) schreitet der Furchungsprozess viel rascher vorwärts als im unteren Teil des Eies, so dass oben schon eine beträchtliche Anzahl kleiner Segmente vorhanden sein kann, während in der Gegend des Gegenpoles nur wenige, oder nach Kupffer (79) und Benecke (80) — noch keine (meridionalen) Furchen sichtbar sind. Wenn somit im Vergleich mit dem Triton- oder gar Froschei die Inäqualität der Furchung am Salamanderei beträchtlich stärker ausgeprägt ist, so steht dieses andererseits in dieser Hinsicht doch wiederum um ein gutes Stück zurück hinter dem Ei von Ichthyophis glutinosus.

Es bietet daher ein ganz besonderes Interesse die von P. und F. Sarasin (93) gegebenen Mitteilungen über die Furchung des letzterwähnten Eies mit meinen Beobachtungen am Salamanderei zu vergleichen. Die genannten Forscher sagen (93 S. 13): „Als interessantestes Resultat erhellt, dass die Furchung des Ichthyophiseies eine rein particielle ist, indem nur an der Keimscheibe der Theilungsprocess sich abspielt. Unwillkürlich erinnert unsere Figur (Taf. III, Fig. 29) an die bekannten Bilder einer Vogel- oder Reptilienkeimscheibe. Oberhalb einer Keimhöhle sehen wir Zellen in mehrfachen Lagen." Unterhalb der Keimhöhle finden sich im Dotter auch zahlreiche freie Kerne, über deren Abstammung und Beschaffenheit genauere Angaben fehlen, ebenso wie über die Entstehung der Keimhöhle. An einer Stelle heisst es dann, dass am Dotter eine Art von oberflächlicher Furchung sich abspielt, wobei die Kerne sich in der Rindenzone des Dotters gegen den „Dotterpol" hin zu verbreiten scheinen, so dass in einem gewissen Stadium in der Gegend des Dotterpoles spärliche, im Innern des Eies noch gar keine Kerne vorhanden seien (Sarasin 93, S. 98—101 und die schematische Fig. 19 auf Taf. III). In diesem Stadium würde demnach die Furchung gewissermassen an den sogen. superfiziellen Furchungstypus erinnern. „Der Zerklüftungsprozess schritt nun im Laufe der Entwickelung langsam weiter und drang von allen Seiten centralwärts vor," so dass als „wahrscheinlich" bezeichnet wird, dass in einem gewissen Stadium der ganze Dotter in Zellen gesondert ist (S. 101). Ein solches Stadium ist in der That auf Taf. XIII. Fig. 7 abgebildet. Nach dieser Ergänzung scheint mir die auf S. 13 behauptete „rein partielle" Furchung des Ichthyophiseies doch von etwas zweifelhafter Reinheit zu sein. Allerdings schlagen die Herren Sarasin, „um eine praktische Grenze zu ziehen", vor, „holoblastisch nur diejenigen Eier zu nennen, welche, wie z. B. das des Frosches, durch die ersten Teilungen in gänzlich von einander getrennte Stücke zerfallen" u. s. w. Allein diese Grenze scheint mir nur insofern „praktisch" zu sein, als durch die Annahme derselben eben dem Ichtyophisei eine Stelle unter den meroblastischen Eiern vindiziert werden könnte. Wollte man diese Grenze annehmen, so müsste dann auch gleich bestimmt werden, wie rasch etwa „die ersten Teilungen" vollendet sein müssen, damit das Ei noch als holoblastisch bezeichnet werden darf. Am Salamanderei z. B. erfolgt, wie oben nachgewiesen wurde, die Teilung der unteren Eihälfte in manchen Fällen erst in einem sehr vorgerückten Furchungsstadium, wo die ersten Furchen kaum mehr distinkt erkannt werden können. In anderen Fällen dagegen vollzieht sich die Teilung durch die ersten Furchen viel rascher. Es wird aber kaum jemand einfallen, zu behaupten, dass in den ersteren Fällen das Salamanderei meroblastisch, in den letzteren holoblastisch sei. Und wohin würden die Zwischenformen gehören? Ähnlich verhalten sich auch andere inäqual sich furchende Eier. Will man zwischen totaler und partieller Furchung notwendig eine scharfe Grenze ziehen, so müsste wohl, nach den Begriffen der bezüglichen Wörter, die einzig richtige und, wie mir scheint, auch „praktische" Grenze so gezogen werden, dass der ersteren diejenigen Formen zugezählt werden, wo überhaupt, früher oder später, der ganze Dotter dem Furchungsprozess anheimfällt. Zu dieser Gruppe würde denn „wahrscheinlich" (s. oben) auch das Ichtyophisei gehören, und zwar, wie mir scheint, ohne dadurch im geringsten an Interesse zu verlieren. Es würde zwar ohne

Zweifel der Grenze sehr nahe liegen, ja man könnte vielleicht sagen, dass es einigermassen auf der Grenze selbst läge, und dass derartige Eier gerade geeignet sind, darzulegen, dass das Ziehen solch' einer scharfen Grenze überhaupt ein unpraktisches oder gar unausführbares Unternehmen ist.

Unter den Amphibieneiern, deren Furchung bis jetzt genauer beobachtet ist, schliesst sich, dem Grade der Inäqualität, bezw. der meroblastiformen Momente des Furchungsprozesses nach, wohl das Salamanderei dem Ichthyophisei am nächsten an und nimmt in dieser Hinsicht eine Zwischenstellung ein zwischen diesem und dem Tritonei. Es ist aber nicht unwahrscheinlich, dass sich Formen finden werden, welche in der genannten Beziehung zwischen das Salamanderei und das Ichthyophisei hineingehören. Das wenige, was Hay (88) über etwas vorgerücktere Stadien von dem Ei des Amphiuma mitgeteilt hat, lässt vermuten, dass zwischen diesem und dem Ichthyophisei eine bedeutende Übereinstimmung besteht, obwohl das letztere erheblich grösser ist. Es wäre deshalb sehr wohl möglich, dass das Amphiumaei gerade ein solches Zwischenglied zwischen dem Salamander- und dem Ichthyophisei wäre.

Wenn nun auch, bezüglich der meroblastiformen Momente des Furchungsprozesses, die erwähnten Formen von Amphibieneiern sich, sozusagen, in quantitativem Sinne, wie vorhin angedeutet, abstufen lassen, so zeigen sie andererseits eine wenigstens scheinbar sehr bedeutende qualitative Divergenz unter sich. Diese Divergenz betrifft die Art und Weise, wie sich die Kerne durch den unteren Teil des Eies verbreiten, bezw. die Zeitfolge der Furchung in den verschiedenen Gebieten des Dotters. Im Tritonei verbreiten sich die Kerne gegen die unteren Teile des Eies hin ebenso wie im Froschei in der Weise, dass z. B. bei der der ersten Latitudinalfurche entsprechenden Kernteilung eine wenigstens annähernd senkrechte Kernspindel sich etabliert, worauf bei der Teilung der untere Tochterkern etwa gegen das Centrum des unteren Segmentes zieht, so dass schon in relativ frühen Stadien das Innere der unteren Eihälfte kernhaltig (und gefurcht) wird (s. z. B. Grönroos 90, Taf. II, Figg. 21, 24—26, 30—33). Dem gegenüber könnte man sagen, dass sowohl das Salamander- wie das Ichthyophisei verhältnismässig lange Zeit eine gewisse Neigung zeigt, wirklich nur eine partielle Furchung durchzumachen. Dabei kommt es am Ichthyophisei zu einer Furchung der Rindenzone des Dotters, wobei die Kerne sich natürlich innerhalb dieser nach unten hin verbreiten, so dass schliesslich die ganze Rindenzone kernhaltig und gefurcht ist, während die centrale Partie des Dotters noch kernlos und ungefurcht ist. Diese Partie wird erst zuletzt kernhaltig und vom Furchungsprozess befallen. Am Salamandereie dagegen treten zwar verhältnismässig weit unten auch latitudinale Furchen auf, aber bei den entsprechenden Kernteilungen ziehen keine Tochterkerne etwa nach unten, sondern zunächst nur centralwärts, so dass sie im Boden der Furchungshöhle zu liegen kommen. Erst von hier aus verbreiten sie sich, durch neue Teilungen, durch das centrale Gebiet des Dotters hindurch bis in die untersten Teile des Eies hin, welche also zuletzt kernhaltig werden, wie oben des näheren ausgeführt wurde.

Trotz der eben hervorgehobenen Differenz zwischen dem Salamander- und dem Ichthyophisei kann ich doch nicht glauben, dass der Furchungsprozess der beiden Eier wirklich so grundverschieden wäre. Die Herren Sarasin (93) heben selbst hervor, dass die apoden Amphibien zu den Urodelen, und speziell gerade zu den Salamandrinen nahe verwandtschaftliche Beziehungen darbieten, und wenn nun in beiden Fällen der Furchungsprozess schliesslich eine totale Zerklüftung des Dotters herbeiführt, so wäre man wohl a priori geneigt, für das gleiche Endresultat in beiden Fällen auch den gleichen Entwickelungsgang anzunehmen. In der That würde man, nach der Lage jener Latitudinalfurchen am Salamanderei (s. Fig. XII[1]) schon in verhältnismässig frühen Stadien erwarten, unter dem Niveau der betreffenden Furchen Kerne zu finden. Wenigstens hatte ich mir nach den äusseren Furchenbildern eine derartige Vorstellung gebildet. Andererseits könnte die durch diese Furchen bewirkte Abspaltung der Äquatorialsegmente (S. 206, 218) recht wohl die Vorstellung von einer oberflächlichen Furchung hervorrufen und darauf hin — jedoch sehr bedingterweise — mit der Furchung des Ichthyophiseies in Einklang gebracht werden[1]). Alles wohl überlegt, halte ich es daher nicht für unmöglich, dass eine wiederholte Untersuchung der letzteren, besonders wenn die einzelnen Stadien Schritt für Schritt verfolgt werden könnten, ergeben würde, dass dieselbe im einzelnen doch etwas anders verläuft, als bisher beschrieben wurde, und dass das Ichthyophisci nicht mit einem quasi superfiziellen Furchungsmodus sich in einen Gegensatz stellt nicht nur zu allen anderen Amphibieneiern, sondern überhaupt zu allen bekannten Wirbeltiereiern.

Was die übrigen holoblastischen Eier niederer Wirbeltiere betrifft, so zeigt das Ei der Ganoiden bezüglich der Furchung bedeutende Ähnlichkeit mit dem Salamanderei. Namentlich gilt dies hinsichtlich der von Salensky (81) beschriebenen Furchung des Sterleteies. Dieses Ei hat am aktiven Pole ebenfalls eine Scheibe aus feinerer Dottermaterie, welche Scheibe Salensky einfach als Keim („germe") bezeichnet, und unterscheidet sich, nach diesem Forscher, von allen anderen Eiern mit totaler Furchung dadurch, dass die ersten Furchen zunächst nur den Keim betreffen. Ferner ist im Bereich des Keimes die Furchung schon verhältnismässig weit vorgeschritten, während in der unteren Hemisphäre des Eies sämtliche Segmente noch durch

---

[1]) Den gleichen Eindruck einer oberflächlichen Furchung könnte eventuell auch schon das Verhalten der frühen Meridianfurchen hervorrufen. Diese betreffen selbstverständlich immer zuerst nur die Rindenschicht des grobkörnigen Dotters und dringen in manchen Fällen erst sehr langsam durch das innere des Eies hindurch.

eine gemeinsame Dottermasse verbunden sind. Die erste „Querfurche" soll erst dann auftreten, wenn bereits acht bis zehn Meridiansegmente angelegt sind (Salensky 81, S. 251—252). Dieser letzte Umstand scheint darauf hinzuweisen, dass das Sterletei verhältnismässig noch etwas reicher an Nahrungsdotter ist als das Salamanderei, denn an diesem ist das Auftreten der ersten Latitudinalfurche der Phase nach wechselnd. Salenskys Abbildungen zeigen dagegen sonst eigentlich mehr Ähnlichkeit mit Tritoneiern, besonders durch die breit klaffenden Furchen zwischen den Segmenten auch der untern Hemisphäre. Die Furchen des Salamandereies sind im Gegensatz hierzu sehr schmal, schneiden scharf ein und bedingen daher keine bedeutenden Reliefunterschiede der Oberfläche. Was die Art der Verbreitung der Kerne in der unteren Hemisphäre betrifft, lässt sich kein Vergleich anstellen, da Salensky in den Zellen (Segmenten) derselben erst in den letzten Furchungsstadien Kerne beobachtete (S. 260).

Ähnlich wie am Sterletei scheint nach der kurzen Notiz von Parker und Balfour (81) der Furchungsprozess am Ei des Lepidosteus zu sein. Auch die Furchung des Störeies ist nach Wagner, Owsjannikow und Kowalewsky (70) eine sehr inäquale und im wesentlichen mit der des Batrachier- und Cyklostomeneies übereinstimmende.

Was die Dipnoër betrifft, hat Semon (93) über die Furchung des Ceratoduseies einiges mitgeteilt. „Die Furchung des Ceratoduseies ist eine totale inäquale und stimmt in allen wesentlichen Punkten mit der Furchung des Amphibieneies überein." ..... „Es handelt sich dabei um eine Übereinstimmung nicht allein in allen Grundzügen, sondern um eine ganz auffallende Ähnlichkeit aller Formverhältnisse. Dabei ist zu betonen, dass diese Ähnlichkeit der Form die Dipnoërentwicklung ebenso stark der Amphibienentwicklung nähert, als sie sie von der Ganoidenentwicklung entfernt" (S. 32—33). Wenn man diese letzteren, im Kapitel über die Furchung enthaltenen Sätze auch auf diesen Prozess selbst beziehen darf, so geht aus Semons Darstellung nicht klar genug hervor, in welchen Punkten die Furchung des Ceratoduseies derjenigen des Amphibieneies so entschieden ähnlich ist, dagegen sich von der des Ganoideneies unterscheidet, besonders da auch Semon selbst hervorhebt, dass alle drei Gruppen (Amphibien, Ganoiden, Dipnoër) hinsichtlich der Hauptzüge der Entwickelung übereinstimmen, und da ferner, soweit ich beurteilen kann, gerade die Furchung des Ganoiden- und des Amphibieneies im wesentlichen in recht übereinstimmender Weise verläuft.

Es ist eben üblich geworden, die Furchung mit einer Hinweisung auf die bekannten Typen abzufertigen. Namentlich begegnet man ausserordentlich oft der Hinweisung auf die Furchung des Amphibieneies, als wäre diese eine so unerschütterlich konstante Grösse, während doch in der That die Amphibieneier in dieser Hinsicht unter sich so grosse Differenzen darbieten, dass es wohl am Platze wäre, eine solche Hinweisung etwas genauer zu präzisieren, oder durch thatsächliche Belege der Vergleichung eine solidere Basis zu schaffen. Die Differenzen, welche die Amphibieneier in Bezug auf die Furchung unter sich darbieten, sind wahrscheinlich grösser, als diejenigen zwischen den Amphibien als Gruppe einerseits und den Ganoiden andererseits, wobei allerdings zu berücksichtigen ist, dass von der Mehrzahl der Ganoiden die ersten Entwickelungsvorgänge noch zu unvollständig erforscht sind, um zuverlässige Verallgemeinerungen zu ermöglichen.

Um aber auf den hier speziell vorliegenden Fall zurückzukommen, so wäre wohl zu erwarten, dass, wenn Amphibien- und Ganoideneier und das Ceratodusei in den Hauptsachen übereinstimmen, das letztgenannte aber trotzdem sich den ersten nähern, dagegen von den anderen entfernen soll, diese Bemerkung gewisse Einzelheiten betreffen würde. Nun sind von Semon nicht viele Einzelheiten von der Furchung des Ceratoduseies erwähnt. Die bemerkenswertesten scheinen mir zu sein, dass die erste „Horizontalfurche" erst auftritt, wenn bereits acht Meridiansegmente angelegt sind, d. h. als vierte Teilungsphase, und dass in dieser Epoche die Meridiansegmente am vegetativen Pole zuweilen noch miteinander in Verbindung stehen. Diese Punkte scheinen mir mit dem, was Salensky über das Sterletei sagt, in ziemlicher Übereinstimmung zu stehen. Dass die erste Horizontalfurche nicht am Äquator des Eies, sondern näher dem aktiven Pole (beim Ceratodus 45° über dem Äquator) auftritt, ist nicht nur der Furchung des Amphibieneies, sondern überhaupt dem inäqualen Furchungstypus eigen. Semons Abbildungen von Ceratoduseiern in Furchungsstadien zeigen in der That eine bedeutende Ähnlichkeit mit entsprechenden Bildern von z. B. Tritoneiern, dasselbe gilt aber, wie mir scheint, auch für das Sterletei.

Es wurde oben bemerkt, dass die **Furchung des Salamandereies gewisse Ähnlichkeiten mit derjenigen von meroblastischen Eiern** darbietet. Diese Ähnlichkeiten betreffen sowohl die äusseren, wie die inneren Furchungserscheinungen.

Was die äussere Furchung anlangt, so fällt schon am ungefurchten, ja sogar am Ovarialei das um den Keimpol herum befindliche, im allgemeinen deutlich hervortretende, wenn auch nicht scharf umschriebene „Keimfeld" auf. Dasselbe erinnert offenbar an den „Keim" oder die „Keimscheibe" eines meroblastischen Eies. Weitere Momente der Übereinstimmung ergeben sich aus der Betrachtung der Furchenbilder. Von dem Verlauf der dritten Furche u. s. w. war schon (S. 228) die Rede. Die Ähnlichkeit der Furchenbilder des Salamandereies mit solchen von meroblastischen Eiern haben auch schon Kupffer (79) und Benecke (80) hervorgehoben. Der erstere macht dabei einen Vergleich mit dem Aussehen einer Vogel-

oder Reptilienkeimscheibe, während Benecke in mehr unbestimmter Weise auf meroblastische Eier hinweist. In der That bieten, wie mir scheint, gewisse Stadien des Salamandereies (s. Figg. VII—XII[1]) ebensogut eine oberflächliche Ähnlichkeit mit den Abbildungen, welche Balfour (78, Pl. 1 Figur 3—5) von sich furchenden Selachierkeimscheiben gegeben hat, wie mit den Abbildungen von Sauropsidenkeimscheiben (z. B. nach Coste, Sarasin [83, Taf. XIII. Fig. 20], Agassiz [57, Pl. X, Figg. 2—8, bes. Fig. 7]).

Berücksichtigt man die inneren Furchungserscheinungen, wie sie sich an Schnitten darstellen, so findet man zunächst, dass dem „Keimfeld" in der That eine feinkörnige scheibenförmige Schicht entspricht, welche an den „Keim" der meroblastischen Eier lebhaft erinnert. In gewissen Stadien ist diese Schicht in der Mitte sogar ganz scharf vom unterliegenden groben Dotter abgegrenzt. Auf die feinkörnige Schicht bleiben die Furchen, was ihre Tiefenausdehnung betrifft, eine Zeit lang beschränkt. Am meisten wird an die meroblastischen Eier erinnert durch das Verhalten des grobkörnigen Dotters unterhalb der Furchungshöhle. Hier findet sich oft noch in verhältnismässig weitvorgerückten Furchungsstadien eine vom Furchungsprozesse unberührte Dotterpartie, und diese schliesst sogar einige „freie" Kerne ein, wie in meroblastischen Eiern. Dieser Zustand ist im Salamanderei freilich ein bald vorübergehender, und schon längere Zeit vor dem Auftreten der ersten Gastrulationserscheinungen ist das ganze Ei dem Furchungsprozess anheimgefallen.

Wenn also auch gewisse Ähnlichkeiten zwischen dem Salamanderei auf der einen und den meroblastischen Eiern auf der anderen Seite unleugbar vorliegen, so sind sie doch so allgemeiner Natur, dass ein Vergleich speziell mit diesem oder jenem meroblastischen Eie kaum sich anstellen lässt. In der That ist, was den Furchungsprozess betrifft, der Unterschied etwa zwischen einem Selachier- und einem Sauropsidenei anscheinend nicht sehr gross. Wenigstens scheint es mir geradezu unmöglich, nur mit Hilfe der vorhandenen Beschreibungen (d. h. ohne eigene direkte Beobachtung) mit Sicherheit einen prinzipiellen Unterschied herauszufinden. Diese Schwierigkeit beruht wohl zum Teil darauf, dass innerhalb beider Gruppen die im Anschluss an den Furchungsprozess auftretenden Höhlenbildungen eine so verschiedenartige Darstellung erfahren haben. Die in neuerer Zeit, namentlich im Sauropsidenei, unterschiedenen zwei Höhlen, die Furchungshöhle und die subgerminale Höhle, bezw. Keimhöhle, sind bezüglich ihrer resp. Bedeutung und Entstehung von den verschiedenen Autoren noch nicht in ganz übereinstimmender Weise behandelt worden. Besonders, wenn man die Litteratur durchsieht, welche speziell den Furchungsprozess selbst zum Gegenstand hat, findet man bis in die neueste Zeit hinein eine durchaus verschiedene Auffassung oder wenigstens Benennung dieser Höhlen. Einige Forscher beschreiben überhaupt nur eine Höhle, entweder, wie z. B. Vay (93) eine Segmentationshöhle (= Furchungshöhle) oder, wie Sarasin (83) eine Keimhöhle, mit welcher sich aber, wie mir der Beschreibung nach scheint, die Segmentationshöhle nach Vay ungefähr deckt. Andere halten zwar die beiden Höhlen (Furchungs- und subgerminale H.) scharf auseinander, aber einige von ihnen scheinen den Furchungsprozess selbst kaum oder nur an einzelnen Stadien, d. h. unvollständig, beobachtet zu haben; wenigstens schliesst sich die theoretische Darstellung der Höhlen an keine ausführliche Beschreibung der Thatsachen des Furchungsprozesses an. Oder sie gehen bei der Unterscheidung der beiden Höhlen ganz willkürlich vor, indem z. B. eine und dieselbe Höhle in frühen Furchungsstadien als Furchungshöhle, in späteren als subgerminale Höhle vorgestellt wird.

Zieht man zum Vergleich die Selachier heran, so findet

man bei Rückert zuerst eine „vergängliche Furchungshöhle" beschrieben (85, S. 12), in späteren Stadien findet sich eine „Keimhöhle" (S. 25 u. f.). Aber gerade in einem solchen Stadium wird das Selachierei der Blastula des Amphibieneies prinzipiell gleichgestellt, d. h. die Keimhöhle des ersteren der Blastulahöhle (= Furchungshöhle) des letzteren homologisirt (S. 28). Balfour beschreibt eine Segmentationshöhle (Furchungshöhle), von welcher mir allenfalls die späteren Stadien mit der Keimhöhle nach Rückert übereinzustimmen scheinen. (78, S. 33—35).

Es würde zu weit führen, hier noch weiter auf die verschiedenen Darstellungen dieser Verhältnisse einzugehen. Ich muss auf die betreffende Litteratur verweisen, von welcher nur beispielsweise die in meinem Verzeichnis, S. 243 ff., angeführten Arbeiten von Balfour (78), Sarasin (83), Duval (84), Rückert (85), Strahl (87), Kastschenko (88b), Hoffmann (90), Mehnert (91) Wenckebach (91), Vay (93), Kionka (94), Todaro (95) hervorhebe.

Das Angeführte dürfte schon zur Genüge darlegen, dass eine sichere Homologisierung der betreffenden Höhlenbildungen, den Beschreibungen nach, noch nicht möglich ist. Wenn z. B. Mehnert (91, S. 289) bemerkt, dass seine „subgerminale Verflüssigungshöhle" der Keimhöhle der Autoren direkt homolog ist, so ist das wohl nur zum Teil richtig, denn aus den vorhandenen ausführlicheren Beschreibungen des Furchungsprozesses und der daran sich anschliessenden Vorgänge am Sauropsiden- (und Selachier-) Ei geht diese Homologie nicht mit Sicherheit hervor, weil eben die einzelnen Autoren unter „Keimhöhle" verschiedene Bildungen verstehen.

Nur so weit stimmen, den Beschreibungen nach, fast all' die erwähnten Höhlenbildungen überein, dass sie entweder innerhalb der Substanz des Keimes oder an der Grenze zwischen diesem und dem groben Dotter zu stande kommen. Dem gegenüber ist aber hervorzuheben, dass im Salamanderei die ersten Anfänge der Furchungshöhle tiefer unten, in dem groben Dotter selbst, auftreten. Die einzige ein meroblastisches Ei betreffende Angabe, welche wenigstens etwas ähnlich klingt, ist diejenige von Kastschenko über die Furchungshöhle des Selachiereies. Es heisst hier (88, b. S. 449): „Die Segmentationshöhle ist bei Selachiern sehr gross und bei ihrer vollen Entwickelung exzentrisch am hinteren Rande der Keimscheibe gelegen. Sie ist durch die letztere nicht vollständig bedeckt und schimmert durch die sie bedeckende dünne Schicht des Nahrungsdotters durch." Indessen bezieht sich diese Angabe auf den Zustand der „vollen Entwickelung" der Furchungshöhle, deren Verhalten bezüglich ihrer Umgebung u. s w. ausserdem nicht genauer dargestellt ist, weshalb ein direkter Vergleich auch wieder schwer durchzuführen ist.

Ich kann demnach nur zu der Überzeugung kommen, dass die Furchungsvorgänge allein keinen genügenden Anhaltspunkt darbieten zur Beurteilung, ob die in ihnen sich kundgebenden meroblastiformen Momente als Anklänge an niedere oder an höhere Formen aufzufassen sind. Ich hoffe aber auf diese Frage mit besserem Erfolg zurückkommen zu können bei der Schilderung und Besprechung der Gastrulationserscheinungen, welchen der zweite Teil dieser Untersuchungen gewidmet sein wird.

XI. Ergebnisse.

1. Am aktiven Pole besitzt das Salamanderei eine feinkörnige Dotterpartie, äusserlich als helleres Feld, „Keimfeld" gekennzeichnet; diese Partie ist in gewissen Furchungsstadien vom grobkörnigen Dotter stellenweise scharf abgegrenzt. Die Grenze entspricht nicht der Gegend, wo die Furchungshöhle zuerst auftritt; die ersten Anfänge der letzteren treten etwas weiter unten, im grobkörnigen Dotter, auf.

2. Die Furchung des Salamandereies ist, wie die der meisten Amphibieneier, eine totale inäquale.

3. Die dritte Furche ist in ihrem Verlauf nicht konstant, indem sie bald in latitudinaler, bald in meridionaler oder schräger Richtung verläuft. Die ersten latitudinalen Furchen liegen dem Keimpol sehr nahe.

4. Im Bereich des Keimfeldes schreitet der Furchungsprozess rascher vor als am übrigen Teil des Eies. Die unteren Partien des letzteren werden zwar zuweilen verhältnismässig früh vom Furchungsprozess ergriffen, in manchen Fällen aber verbleiben sie bis in weit vorgerückte Stadien von demselben unbetroffen. In diesen Fällen findet man lange Zeit hindurch unterhalb der Furchungshöhle eine zusammenhängende Dottermasse, welche eine Anzahl Kerne („Dotterkerne") einschliesst.

5. Die Kerne der unteren Segmente finden sich lange Zeit nur in deren obersten Abschnitten, am, bezw. im Boden der Furchungshöhle. Bei den Kernteilungen bleiben die Kerne lange Zeit auf diese Gegend beschränkt, obwohl die durch sie bedingten Furchen (auch latitudinale solche) weit unten am Ei auftreten können. Erst in den spätesten Furchungsstadien verbreiten sich die Kerne auch in die untersten Abschnitte des Eies.

6. Die Inäqualität der Furchung und die Ähnlichkeit der letzteren mit derjenigen der meroblastischen Eier sind am Salamanderei grösser als an den meisten anderen niederen Wirbeltiereiern mit totaler und inäqualer Furchung, namentlich grösser als an den Eiern der übrigen einheimischen Amphibien.

7. Am Ende der Furchungsepoche, bezw. im Blastulastadium, ist das Dach der Furchungshöhle, welches eigentlich schon als primäres Ektoderm bezeichnet werden könnte, mehrschichtig.

8. In einigen Fällen werden noch in verhältnismässig weit vorgerückten Furchungsstadien Kerne oder kernartige Gebilde angetroffen, welche dem regelmässigen Teilungsprozess der Furchungskerne nicht zu entstammen scheinen, und die möglicherweise als Zeichen einer Polyspermie aufzufassen sind.

9. Aus den Furchungserscheinungen allein lässt sich nicht mit Sicherheit entscheiden, ob die „meroblastiformen" Momente im phylogenetischen Sinne auf eine bereits durchgemachte oder auf eine erst sich vorbereitende Meroblasticität zu beziehen sind.

Litteratur-Verzeichnis.

1854. Rusconi, M., Histoire naturelle, développement et metamorphose de la Salamandre terrestre. Pavie (posthume), 1854.
57. Agassiz. J., Contributions to the natural history of the united States. Vol. II, 1857.
67. Leydig, Über die Molche (Salamandrina) der württembergischen Fauna. Archiv für Naturgeschichte, 33. Jahrg., Bd. I, 1867.
70. Kowalewsky, A., Owsjannikow, Ph., Wagner, N., Die Entwickelungsgeschichte der Störe. Bullet. de l'Acad. impér. des sciences de St. Pétersbourg, T. XIV, 1870.
75. Knauer, F., Amphibien- und Reptilienzucht. Wien 1875.
78. Balfour, F. M., A monograph on the development of Elasmobranch Fishes. London 1878.
— Knauer. F., Das Lebendiggebären von Salamandra maculosa. Zoolog. Anzeiger 1878.
79. Kupffer, C., Die Entstehung der Allantois und der Gastrula der Wirbeltiere. Zoolog. Anzeiger 1879.
80. v. Bambeke, Nouvelles recherches sur l'embryologie des Batraciens. Archives de Biologie. T. I, 1880.
— Benecke, B., Über die Entwickelung des Erdsalamanders (Salamandra maculosa, Laur.). Zoolog. Anzeiger 1880.
— Pfitzner. W., Die Epidermis der Amphibien. Morphol. Jahrb., Bd. VI, 1880.
81. Balfour, F. M. and Parker, W. N., On the Structure and Development of Lepidosteus. Proceed. of the royal Soc. of London, Vol. XXXIII, 1881.
— Salensky, W., Développement du Sterlet. Arch. de Biologie, T. II, 1881.
83. Sarasin, C. F., Reifung und Furchung des Reptilieneies. Arbeiten aus dem zoolog.-zootom. Institut in Würzburg, 1883.

84. Bellonci, J., La caryocinèse dans la segmentation de l'oeuf de l'axolotl. Archives italiennes de Biologie, 1884.
— Duval, M., De la formation du blastoderme dans l'oeuf d'oiseau. Ann. des Sciences nat. Zool., Sér. 6, T. XVIII, 1884.
85. Rückert, J., Zur Keimblattbildung der Selachier. 1885.
87. Schultze, O., Reifung und Befruchtung des Amphibieneies I. Zeitschr. für wissenschaftl. Zoolog., Bd. 45, 1887.
— Strahl, H., Die Dottersackswand und der Parablast der Eidechse. Ebenda.
88. Hay, O. P., Observations on Amphiuma and its young. American Naturalist, 1888.
— Kastschenko, N., a) Zur Frage über die Herkunft der Dotterkeime im Selachierei. Anat. Anzeiger, Bd. III, 1888, S. 253—257.
— — b) Zur Entwickelungsgeschichte des Selachierembryo. Ebenda, S. 445—465.
89. Rückert, J., Weitere Beiträge zur Keimblattbildung bei Selachiern. Anat. Anzeiger, Bd. IV, 1889, S. 353.
90. Grönroos, H., Über die Eifurchung bei den Tritonen. Dissert. Helsingfors, 1890.
— Hoffmann, C. K., Entwickelungsgeschichte der Reptilien. In Bronns Klassen und Ordnungen. 1890.
— Zeller, E., Über die Befruchtung bei den Urodelen. Zeitschr. f. wissenschaftliche Zoologie, Bd. 49, 1890.
91. Mehnert, Ernst, Gastrulation und Keimblätterbildung der Emys lutaria taurica. Morph. Arbeiten von Schwalbe, Bd. I, Heft 3, 1891.
— Oppel, A., Die Befruchtung des Reptilieneies. Anat. Anzeiger, Bd. VI, 1891.
— Rückert, J., a) Zur Befruchtung des Selachiereies. Ebenda.
— — b) Über die Befruchtung bei Elasmobranchiern. Verhandl. der anat. Gesellsch. auf der 5. Versammlung, 1891.
— Wenckebach, K. F., Der Gastrulationsprozess bei Lacerta agilis. Anat. Anzeiger, Bd. VI, 1891.
92. Oppel, A., Die Befruchtung des Reptilieneies. Archiv für mikrosk. Anatomie, Bd. 39, 1892.
— Rückert, J., Über physiologische Polyspermie bei meroblastischen Wirbeltiereiern. Anat. Anzeiger, Bd. VII, 1892.
93. Sarasin, P. u. F., Ergebnisse naturwissenschaftlicher Forschungen auf Ceylon, Bd. II. Zur Entwickelungsgeschichte und Anatomie der ceylonesischen Blindwühle, Ichtyophis glutinosus, L. 1887—93.
— v Ebner, V., Die äussere Furchung des Tritoneies. In der Festschrift f. A. Rollett. Jena 1893.
— Fick, R., Reifung und Befruchtung des Axolotleies. Zeitschr. f. wissensch. Zool., Bd. 56, 1893.
— Jordan, E. O., The habits and development of the newt. Journal of Morphology, Vol. VIII, 1893.

93. Semon, Rich., Zoologische Forschungsreisen in Australien und dem malayischen Archipel. I. Ceratodus. Denkschriften der mediz. naturwissensch. Gesellschaft zu Jena, 1893.
— Vay, F., Zur Segmentation des Tropidonotus natrix. Merkels und Bonnets „Anatomische Hefte", Bd. II, 1893.
94. Born, G., Die Struktur des Keimbläschens im Ovarialei von Triton taeniatus. Archiv für mikroskop. Anatomie, Bd. 43, 1894.
— Kionka, H., Die Furchung des Hühnereies. Anatomische Hefte, Bd. III, 1893.
95. Todaro, F., Observations et reflexions sur la segmentation de l'œuf et sur la formation des feuillets germinatifs du Seps chalcides. Arch. ital. de Biologie, T. XXII, 1895.

Erklärung der Abbildungen.
(Taf. VIII—X.)

Sämtliche Figuren beziehen sich auf Eier von Salamandra maculosa und sind mit Hülfe der Oberhäuserschen Camera lucida genommen, die Figg III^2, XV^2, XVI^2 bei Hartnack Syst. 7 (Vergr. 286), alle übrigen mittels des Hisschen Embryographen bei 10facher Vergrösserung. Da bei dieser schwachen Vergrösserung die feineren Details der Schnitte noch nicht erkennbar sind, so wurden dieselben nach stärkeren Vergrösserungen eingetragen, also schematisch, jedoch richtig lokalisiert. Dabei habe ich versucht, die relative Feinheit, bezw. Grobheit, des Gefüges der einzelnen Zonen des Dotters einigermassen wiederzugeben.

Infolge einer durch die Behandlung der Eier mit Toluol und Paraffin bewirkten Schrumpfung derselben erscheinen die Schnittbilder meist bedeutend kleiner als die demselben Ei entsprechenden Oberflächenbilder.

Die in den Oberflächenbildern IX^1—XII^1 eingetragenen mit Nummern versehenen geraden Linien entsprechen ungefähr der Lage der zu demselben Ei gehörenden abgebildeten Schnitte, welche mit den gleichen resp. Nummern bezeichnet sind. Zugleich geben sie natürlich die Schnittrichtung der betreffenden Schnittserien an. Die Buchstabenbezeichnungen (der Segmente etc.) in den Schnittbildern entsprechen ebenfalls denjenigen der Oberflächenzeichnungen. Die Furchen sind mit griechischen, die Segmente mit lateinischen Buchstaben bezeichnet, u. zwar ist in den Figg. der ersten Tafel (Figg. IV X) die (sichere oder hypothetische) erste Furche senkrecht gestellt und mit α—β, die zweite horizontal gestellt und mit γ—δ bezeichnet worden.

In den Figg. I, IV^1 und V^1 ist das Keimfeld durch hellere (gelblichweisse) Farbe gekennzeichnet; später schwindet diese Abgrenzung, die hellere Färbung breitet sich mehr aus, und es wurde bei den übrigen Figuren auf die Wiedergabe der natürlichen Färbung überhaupt verzichtet.

Fig. I. Ausgewachsenes Eierstocksei mit scharf konturiertem Keimbläschen.
Fig. II. Vertikalschnitt etwa durch die Mitte (Achse) eines Ovarialeies mit undeutlich sichtbarem Keimbläschen. a = scheinbar homogene Rindenzone, b = feinkörnige Schicht im Bereiche des Keimfeldes (S. 176).

Erklärung der Abbildungen. 247

Fig. III[1]. Vertikalschnitt durch ein befruchtetes aber noch ungefurchtes Ei.
Fig. III[2]. Die Kernspindel desselben Eies, bezw. Schnittes, 286mal vergrössert.
Fig. IV[1]. Erstes Furchungsstadium (S. 180), Ansicht von oben. Die Furche hat eben erst den Rand des Keimfeldes erreicht.
Fig. IV[2]. Vertikalschnitt durch dasselbe Ei (senkrecht zur Furche geschnitten). Die Furche teilt nur die feinkörnige Schicht.
Fig. V. Zweites Furchungsstadium (S. 182) („kleiner Typus") 1 von oben, 2 von unten. Erste Furche äusserlich vollständig, zweite nahezu auch.
Fig. VI. Dasselbe Stadium („grosser Typus"), 1 von oben, 2 von unten. Erste Furche vollständig, zweite hat erst etwa den Äquator des Eies erreicht.
Fig. VII. Drittes Furchungsstadium (S. 183—195), 1 von oben, 2 von unten. $a-\varepsilon-\zeta-\eta-\vartheta-\beta$ erste (?), $\gamma-\lambda-\varkappa-\vartheta-\eta-\zeta-\delta$ zweite (?) Furche, $\varepsilon-\lambda$ latitudinal, $\eta_1-\nu$ und $\varkappa-\mu$ meridional verlaufende Furchen dritter Ordnung.
Fig. VIII. Dasselbe Stadium. 1 von oben, 2 von unten. $a-\varkappa-\zeta-\eta_1-\iota-\beta$ erste (?), $\gamma-\iota-\zeta-\eta-\vartheta-\delta$ zweite (?) Furche, $\varkappa-\vartheta$ latitudinal, $\varepsilon-\iota$ schräg, $\eta-\lambda$ meridional verlaufende dritte Furche.
Fig. IX. Drittes Furchungsstadium. 1 von oben, 2 von unten, 3—6 Vertikalschnitte. $a-\circ-\vartheta-\pi-\iota-\nu-\beta$ erste, $\gamma-\eta-\varkappa-\pi-\iota-\zeta-\delta$ zweite Furche, $\zeta-\circ$ und $\eta-\vartheta$ latitudinal, $\varkappa-\lambda$ und $\nu-\mu$ meridional verlaufende Furchen dritter Ordnung.
Fig. X. Viertes Furchungsstadium (S. 195—202). Ei des „kleinen Typus". 1 von oben, 2 von unten, 3—4 Vertikalschnitte.
Fig. XI. Viertes Stadium. 1 von oben, 2 von unten, 3—5 Vertikalschnitte.
Fig. XII. Fünftes Furchungsstadium (S. 202—208). 1 von oben, 2 von unten, 3—4 Seitenansichten, 5—7 Vertikalschnitte.
Fig. XIII. Sechstes Furchungsstadium (S. 208), 1 von oben, 2 von der Seite, 3—4 Vertikalschnitte.
Fig. XIV. Spätes Furchungsstadium (S. 209—211). 1 von oben (zeigt nur von wenigen Zellen die Umrisse angedeutet, weil nur diese mit dem Embryographen sicher feststellbar waren), 2 von unten, 3 Vertikalschnitt.
Fig. XV[1]. Vertikalschnitt etwa durch die Polachse einer Blastula (S. 212—215) (beim Einbetten nur in Bezug auf oben und unten orientiert, weil das Ei äusserlich sonst keine Anhaltspunkte darbot, vergl. S. 212).
Fig. XV[2]. Schnitt durch eine Furchungskugel am Boden der Furchungshöhle desselben Eies. Unten stossen zwei andere daran. Vergröss. 286.
Fig. XVI[1]. Medianschnitt durch eine etwas vorgerücktere Blastula mit beginnender Gastrulabildung (S. 216).
Fig. XVI[2]. Mittlerer Teil des Daches der Blastulahöhle desselben Schnittes, 286fach vergrössert. Die betreffende Stelle ist in Fig. XVI[1] angedeutet. Da Fig. XVI[2] dem Dache, Fig. XV[2] dem Boden der Furchungshöhle entnommen ist (zwar von verschiedenen, aber, dem Entwickelungsgrade nach, einander nahe stehenden Eiern), so wurde auf der Tafel die letztere Figur (XV[2]) unter die erstere gestellt; dadurch entsprechen die beiden Figuren in ihrer gegenseitigen Lagerung annähernd den wirklichen Verhältnissen der Furchungshöhle eines und desselben Eies.

Anatomische Hefte I.Abtheilung Heft 18 (6.Bd H.2)

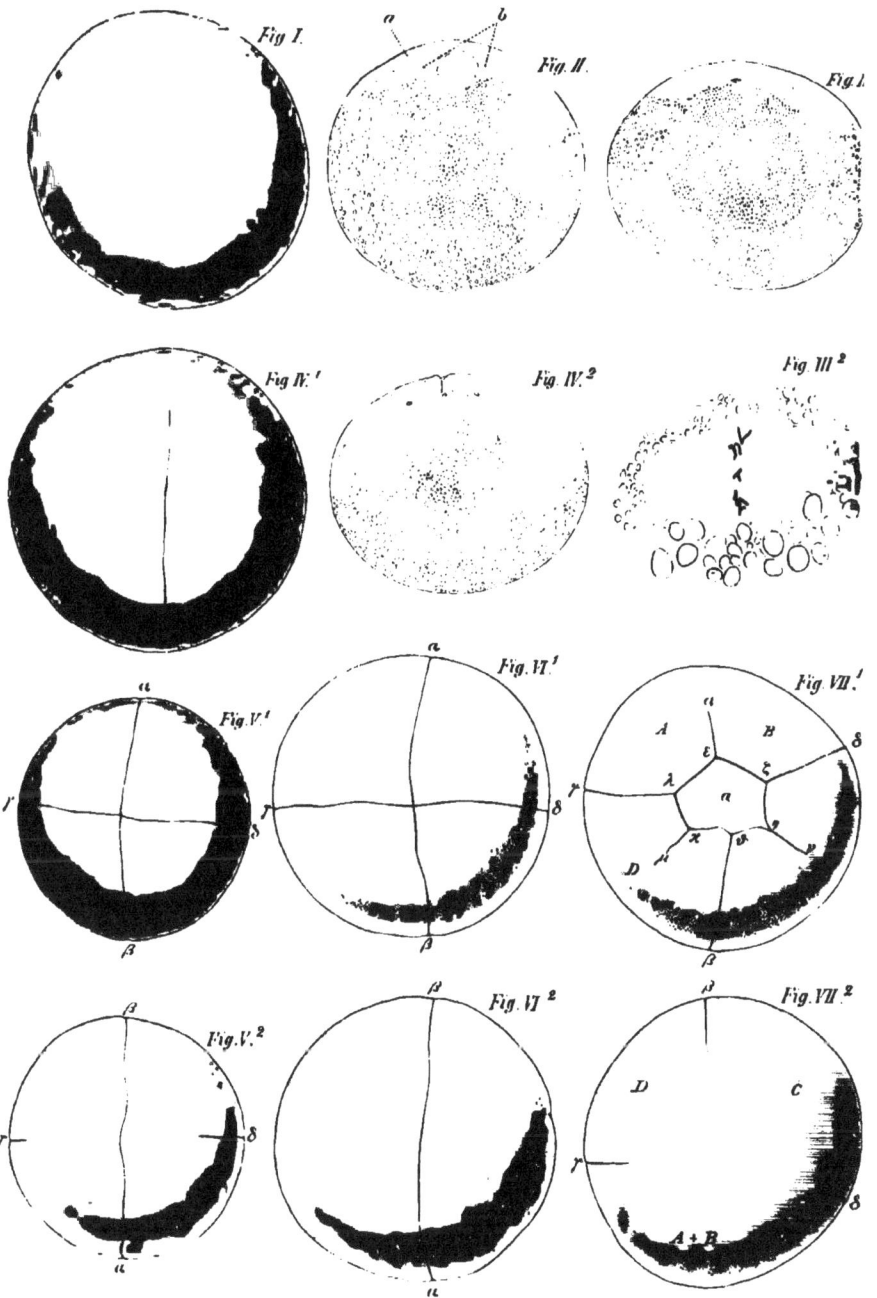

Taf. VII. VIII.

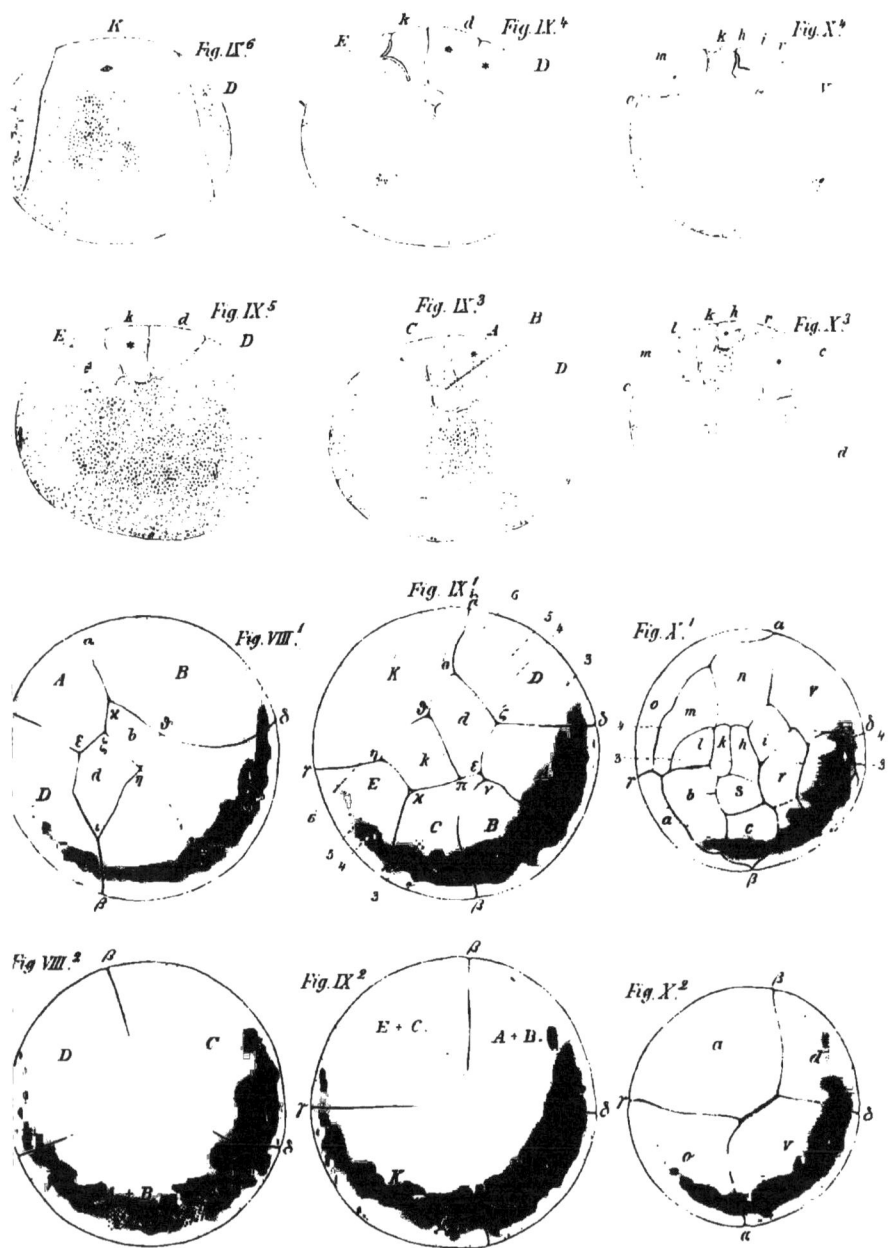

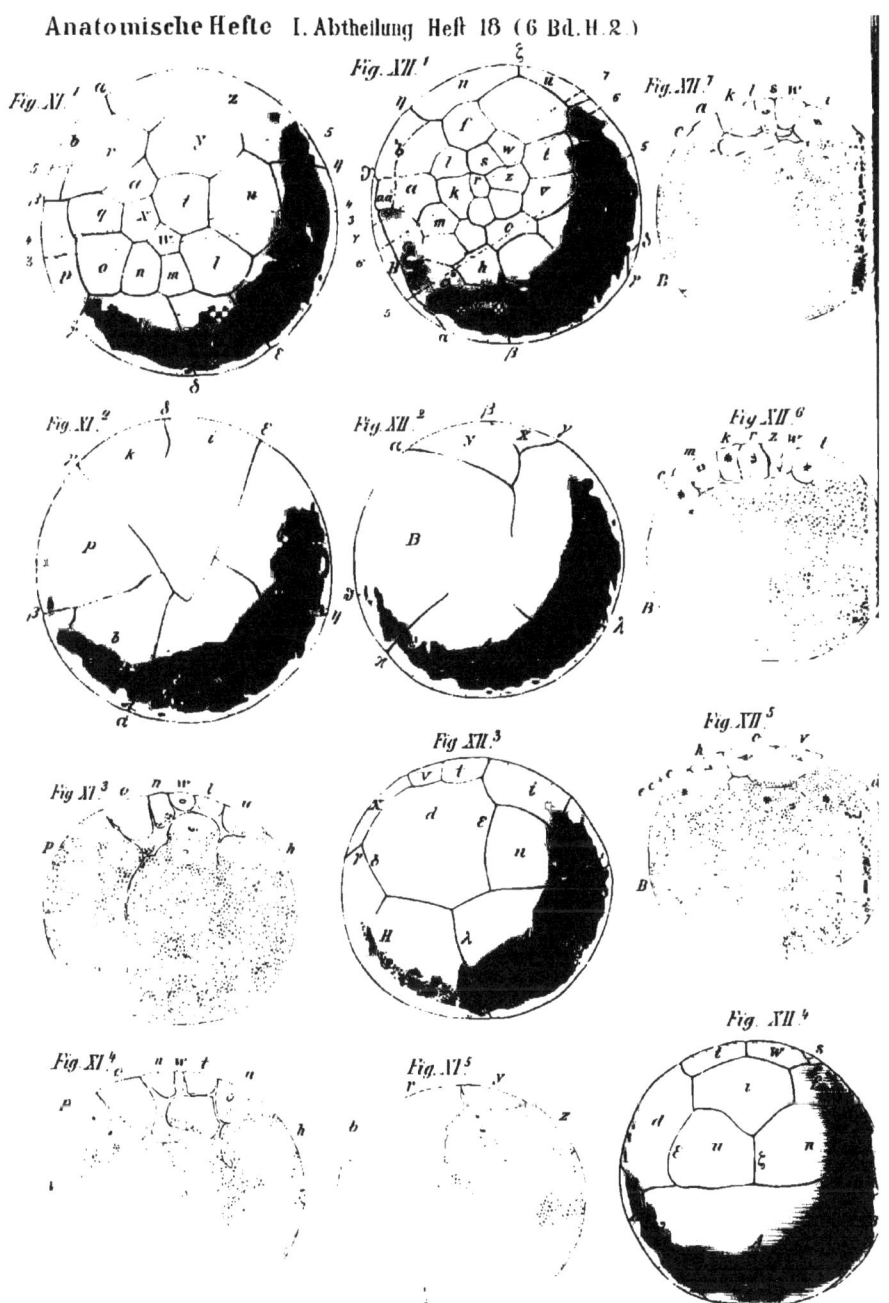

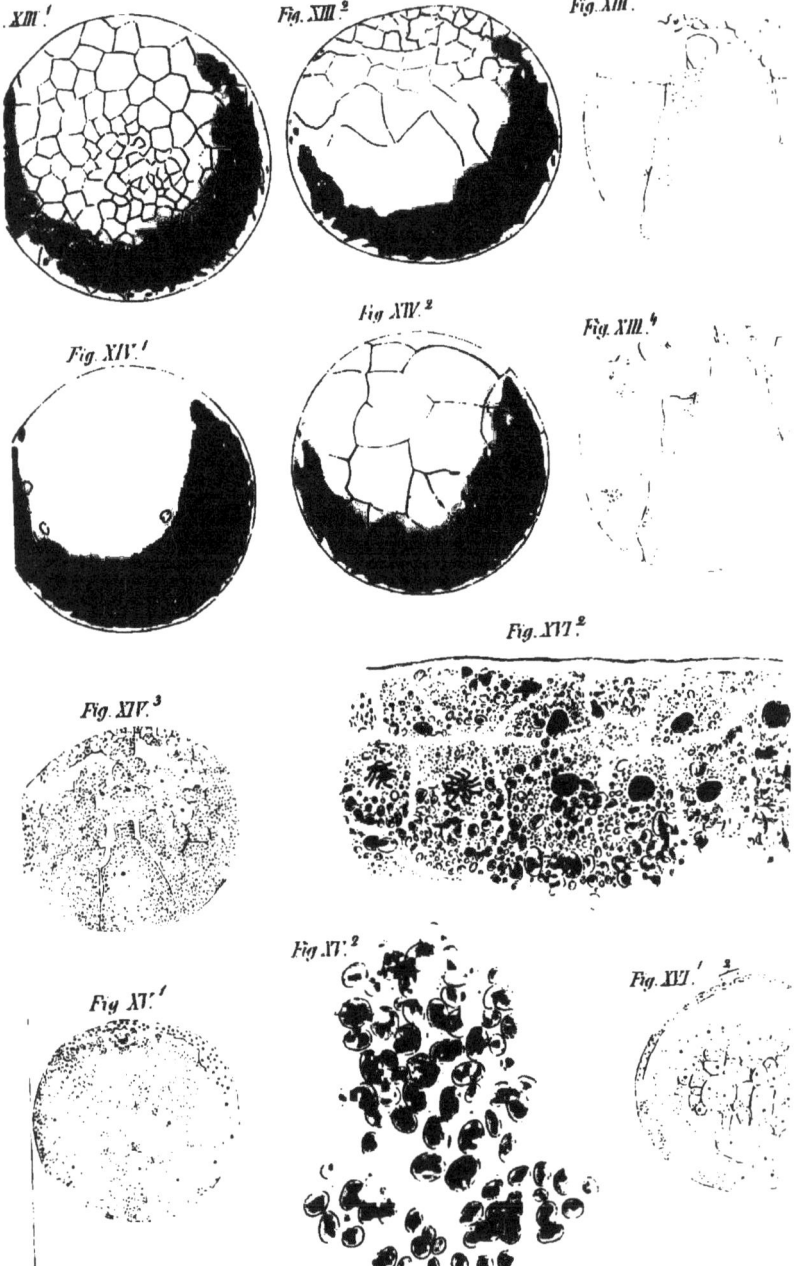